遺跡でたどる邪馬台国論争

中村俊介

同成社

はじめに

　私は新聞社の文化部で、歴史や考古学、文化財、世界遺産といった分野を担当している。といっても大学での専攻は西域史、卒業論文も4～6世紀の西トルキスタン、いわゆるシルクロードだった。つまり、日本考古学は素人である。しかし、いや、だからこそ、「へえ～」と気づくようなこともある。

　いま勤務している全国紙の西部本社（福岡県）は九州・沖縄・山口を管轄する。日本列島の窓口として海外文化と接触を続け、国際交流の要の地だっただけに研究史を塗り替える発見も多く、驚きの連続だ。と同時に、その土地柄から否応なく邪馬台国とも対峙せざるを得ず、このテーマの重さを思い知る毎日が続いている。

　本書は邪馬台国がどこかを追求したものではない。主役は研究者のみなさんであり、その活躍の一端を紹介することに徹した。新聞記者である私が興味を持つのは、日々の紙面に登場する最新成果が市民社会とどのように切り結ぶか、具体的にいえば、文化財保護施策や教育普及活動、あるいは文化遺産を活用した町づくりとか地域振興のあり方、そして、なぜ邪馬台国がこんなにも人を熱狂させるのか、すなわち「邪馬台国論争」という現象である。

　ただ、そんな視点で取材を続けていたら、興味深いことがたくさんみえてきた。邪馬台国が抱える数々の謎はもちろん、所在地論争の行方も気になってきたし、なぜ邪馬台国が歴史愛好家を魅了するのかも少しずつわかってきた気がする。そもそも、邪馬台国ファン

は論争の終結を望んでいるのかなどと、ふと思ったりもする。

　ともあれ、最新のニュースから特に弥生文化や社会の実像に迫れないか。そんな動機から2010年、朝日新聞西部本社版文化面で「おしえて邪馬台国」という連載をスタートさせた。「邪馬台国」を冠してはいるが、まあ、あくまで営業上のキャッチコピーであって、実際は弥生社会をめぐるいろんなトピックを邪馬台国にひきよせつつ、自分なりに現在の弥生時代像を報告してきた。本書はそれを大幅に改変・加筆し、まとめたものである。

　読んでいただくにあたり、いくつかおことわりしておきたい。内容は日本全国を対象にしてはいるが、西部本社版の記事を下敷きにしているため、話題はどうしても「魏志倭人伝」で位置が確定しているクニグニのある北部九州に偏りがちになってしまった。ご海容願いたい。また、もともと新聞連載という性格上、邪馬台国時代の全体像を概説的に紹介するものではないので、当然触れるべき事象に触れていない部分が多いと思う。たとえば対馬国や不弥国についての話を断念したのも、大きなニュースになるような話題が近年乏しかったからだ。本格的な解説や論考は専門書に譲り、本書はあくまで私個人が関心を持つトピックに焦点をあてた、コラム的な読み物であることをご理解いただきたい。

　とはいえ、誰もが「はて？」と思うような論点を選び出し、ジャーナリストの視点で積極的に分析・解説したつもりだ。共感していただくもよし、ツッコミを入れていただくもよし。つまみ食いのような軽い気持ちで、あるいは酒飲み話の仕込みがわりに楽しんでいただければ幸いである。

　なお、本書の性格上頻出する『三国志』の『魏書』「烏丸・鮮卑・東夷伝」のなかに含まれる倭人に関係する部分、いわゆる「魏

志倭人伝」の名称は、煩雑さを避けるため「倭人伝」に統一した。また、文中の研究者の方々の名称については、研究史的な文脈のなかでとらえた方が適すると思われた方々は僭越ながら敬称を省き、現在も論争の渦中にあって多かれ少なかれ影響を与えて続けている方々は物故者を含めて「さん」づけにさせていただいた。

中 村 俊 介

目　次

はじめに

第1章　倭人伝のクニグニはいま …………………………… 3

1. 九州説もいろいろで　3
2. 消えた「王墓」——伊都国——　7
3. よみがえった「王墓」——末盧国——　14
4. 倭人は船出した——一支国（1）——　18
5. もうひとつの海上都市——一支国（2）——　23
6. 弥生のハイテク工業地帯——奴国——　27
7. 知られざるクニグニ——企救・宗像・斯馬——　36
8. 狗奴国ってどこだ？　42
9. 西から東へ——「東遷説」の現在——　47

第2章　女王の横顔 ……………………………………………… 53

1. 和風美人か、洋風美女か　53
2. 男装の麗人　58
3. 女王様は赤がお好き　62
4. 館は中国風か、日本風か　66
5. 女王は「都市」に住んだのか　72
6. 生まれ故郷の風景　76
7. 卑弥呼はどこに眠る　82

第3章　弥生ワールドをのぞく ……………………… 89

1. 開拓者か、放浪の民か　89
2. 馬、牛、そして「豚」　92
3. 倭国は常夏のユートピア？　97
4. 玉が映すネットワーク　103
5. 卑弥呼の大刀　107
6. 「銅鏡百枚」って、いったい……　111
7. 鏡はなぜかひび割れて　118
8. 鉄を制する者　124
9. 鬼道信仰　128
10. 悪魔払いのルーツ　135
11. 「倭の水人」は国際派　141
12. 二つの金印　146

「邪馬台国論争」とは何なのか——あとがきにかえて——　159
参考文献　163
写真提供所蔵・出典一覧　177

# 遺跡でたどる邪馬台国論争

第1章　倭人伝のクニグニはいま

1. 九州説もいろいろで

　邪馬台国論争で最も関心を呼ぶのは、このクニがどこにあったかという所在地論争だろう。その長い歴史の紹介は先学の仕事に譲るとして（三品 1970、佐伯 1971・1972・2006、乙益 1987、岡本 1995）、双璧が近畿説と九州説というのは誰もが一致するところ。ただ、近畿説が奈良県の纒向遺跡周辺でほぼまとまるのに対し、九州説は一枚岩どころか、候補地が各地に林立してむしろ「内乱状態」だ。しかし、この混沌こそが九州説のエネルギーの源のようにも思える。

　かつて福岡県が「福岡歴史ロマン発信事業」と銘打ち、3カ年にわたり邪馬台国関連のイベントを催したことがある。インターネットなどを使って「あなたが決める邪馬台国」というアンケートを実施し、市民から候補地を募った。投票者は約 1000 人。集計結果はシンポジウムで披露された。

　上位をのぞいてみよう。大規模環濠集落の平塚川添遺跡を擁する福岡県朝倉地域が 131 票でダントツ。2 位は海外文化の窓口である博多湾沿岸部で 102 票。それぞれの地域に注目する安本美典さんや古田武彦さんらの影響が大きいのだろう。

　3 位は佐賀県吉野ヶ里遺跡付近で 86 票。日本を代表する弥生遺跡のわりには、意外と伸びなかったか。しかしここを積極的に評価

する意見は少なくないし（七田 2005）、「弥奴国」など倭人伝の一国をこの遺跡が位置する筑紫平野や筑後川下流域に想定する見方は古くからある。雄略紀には、身狭村主青が呉の国からの献上品の鵞鳥を持って筑紫に行ったところ、水間君の犬、あるいは嶺縣主泥麻呂の犬にかみ殺された、という話が載っている。水間は久留米市内の三潴と通じ、吉野ヶ里遺跡の位置する神埼郡と三根郡はもともとひとつの郡だったわけで、新井白石も三根郡に弥奴国を比定したほど。名前のみを連ねる 21 の旁国の大部分が有明海に面する筑紫平野にあったとすれば（森 2010）、邪馬台国か弥奴国かはともかく、九州最大の平野であるこの一帯にクニが存在したとみても異論はなさそうだ（西谷 2009）。最重要地域のひとつと評価しておこう。

　続く僅差の 84 票で、福岡県筑後御井地域が 4 位。筑紫平野という点では 3 位の吉野ヶ里遺跡周辺と一体的な地域で、そう変わりはない。続いて、巨大古墳群で有名な宮崎県西都原地方が 62 票と健闘をみせ、5 位に食い込んだ。八幡様の総本社、宇佐神宮のある大分県宇佐地方は 6 位で 56 票。そういえば、松本清張の小説『陸行水行』に出てくる舞台のひとつも宇佐だった。そんなことが関係しているのかもしれない。

　論争史上、伝統的な候補地である福岡県南部の旧山門郡が 35 票と伸び悩んだのは、意外だった。新井白石以来、邪馬台国九州説の最有力地として君臨してきたが、発掘調査が進むなかで、それを補強するに足る考古資料や大規模遺跡がなかなか見あたらないのが影響したのだろうか。

　今回挙がった候補地は約 30 カ所。ただし、福岡県の調査だからほとんど九州説なのは当然だし、このほかにも潜在的な候補地ははるかに多いはずだ。また、これはあくまでも単発のアンケートで

あって、調査方法や調査主体、対象の場所、時期など、条件次第で結果はかなり異なると思われる。

　九州説が近畿説と違ってバラバラなのは、地元文化の多彩さ、言い換えれば、それぞれ自己主張が強いお土地柄ということなのかもしれない。まとまりには欠けるけれど、この野武士的な雑多さがお互いに切磋琢磨し、長い論争を戦い抜く足腰の強さを培った、といえないだろうか。

　さて、九州説が江戸期からあるのはご存じの通り。が、本格的に論争の火ぶたが切って落とされるのは明治時代である。東京大学の白鳥庫吉（九州説）と京都大学の内藤湖南（近畿説）という東洋史の二大巨頭による記念すべき論文が発表されたのが1910年。以来、文献史家のみならず考古学研究者も古墳に副葬された鏡などを武器に参戦し、彼らの多くは近畿説の立場をとった。

　ただ、当時の白鳥らの九州説はいまの郷土愛に満ちたパトリオティズムあふれる諸説と違い、その背景には、辺境の女酋ならばいざ知らず、大和を本拠にした皇国に中国への遣使などありえないとする時代の潮流が潜んでいたことは留意されるべきだろう（小路田 2001）。そもそも、帝国主義時代の産物として誕生した東洋史という学問の成り立ちからして、政治的かつ社会的要因に左右されるのは必然であったわけだし（千田 2000）、学問の世界がどれだけ市民に共有されていたかという社会の成熟度、つまり邪馬台国という検証対象もまたかなりの部分が国家アカデミズムに独占されていた研究環境にあったはずだ。相応のイデオロギッシュなバイアスがかかっていてもおかしくはなく、同じ九州説でも似て非なるものといってよい。

　いずれにしろ、文献史学では伝統的に九州説、考古学では近畿説

をとる傾向は今なお残っているようだ。九州在住の考古学研究者も近畿説を採用する人は多い。大陸に近い北部九州が弥生時代の先進地帯だったことは誰もが認めるところだけれど、逆に、奴国（なこく）と並んで北部九州最強の伊都国が「女王国に統属」する限り、邪馬台国は北部九州以外に求めざるを得ないとも（石川 2010）。この指摘に従えば、九州説にとってその先進性こそが悩ましいジレンマを生んでいるといえようか。

　纒向遺跡で発見が相次ぐなど、このところの近畿説の攻勢の前に劣勢に立たされているかのような九州説ながら、新たな胎動もみえる。アマチュアや歴史愛好家に加え、これまで邪馬台国から距離をおき、あまり発言してこなかった大学や埋蔵文化財行政の中堅やベテランからの発言が、どうも増えているようなのだ。たとえば、交通史の視点から邪馬台国を熊本県の中・北部か福岡県筑後地方に置く説も現れたし（丸山 2009）、方位や地理的環境に照らして筑紫平野に比定する説も出てきた（片岡 2011）。そもそも、邪馬台国が強大なクニだったという常識に疑問を投げかける言説さえある。学界や行政内のストイックなプロの研究者から相次ぐ発言は意外な気もするが、もちろんこれらはほんの一部で、全国を見渡せば類例は相当な数にのぼるだろう。そのうち九州説を支持する立場が少なからずあるように思えるのは気のせいだろうか。

　また、記紀に立脚する解釈の展開も、依然として跡を絶たない（若井 2010 ほか）。邪馬台国論争は倭人伝という文献上の問題だと割り切るならば、仮に邪馬台国が近畿にあったとして、不弥国（ふみこく）を含めて倭人伝記載の6カ国までが九州にあり、邪馬台国とこれらとの遠大な空間に投馬国たったひとつしかないのは不自然だという主張も、なんとなくうなずける（佐古 2003）。なるほど、邪馬台国連合

が西日本全域ならば、その中心である邪馬台国が最東端の大和地方にあるのは、ちょっと端っこすぎる気がしないでもない。ただ、論争を文献上の問題に押し込めることは、逆に考古学的な不利を認めたと受け取られかねないもどかしさもある。

　史料といえばほとんど唯一、倭人伝を手がかりにするしかない邪馬台国論争には、誰もが参戦できるポピュラリティがある。それゆえに世俗化し、アカデミズムから等閑視されてしまった傾向がないとはいえない。九州説における最近の動きは、そんな不幸な現状をもう一度見直してみようという反省の表れにも思える。新たな参入は九州説巻き返しへの援軍になれるだろうか、それとも同床異夢に終わるだろうか。

２．消えた「王墓」──伊都国──

　玄界灘にのぞむ福岡県北西部の糸島半島付近に、伊都国(いとこく)はあった。倭人伝によれば、代々「王」がいた。その一人のものと思われる墓が、この地に眠っている。井原鑓溝王墓(いわらやりみぞ)という。江戸時代、ひょっこりと人前に姿を現したものの再び行方知れずになり、今なお研究者を翻弄し続ける。

　のどかな田園風景をいまにとどめる糸島平野。田んぼや畑が広がり、青々とした大地をさわやかな風が吹き抜けて、実に心地よい。だが、2000年もの昔、おそらくこの風景はかなり違っていたのではないか。伊都国の都として大勢の人々が往来した「都会」だったに違いない。倭人伝に「津に臨んで捜露（そうろ）して文書などを送った」とあるように、ここはいわば対外交流の税関的な役割を担っていた。列島内の人々はもちろん、朝鮮半島など海外からの来

訪者や移住者も町にあふれていたことだろう。それは、三雲番上地区（福岡県糸島市）で多く出土する楽浪系土器からも明らかだ。一帯の地下には、弥生の国際港湾都市とでもいうべきクニの痕跡が残存しているはずなのだ。

その一端が悠久の時を超えて白日にさらされたのはいまから200年近く前、文政5（1822）年のことだった。所は三雲村。土取作業の最中に銅剣や銅戈、赤色顔料の入った壺が見つかり、さらに掘っていくと「深さ三尺余り、腹の径り二尺ばかり」の合わせ口の甕棺1セットがあった——。福岡藩の国学者、青柳種信は『柳園古器略考』に、そう書き記している。この遺構が再び日の目をみたのは1970年代半ば、福岡県教育委員会の発掘調査がきっかけだった。1号甕棺と名づけられた遺構で、史料を裏づける鏡の残骸やガラス璧、金銅製の四葉座飾金具などが検出され、さらには隣接して記録にない2号甕棺まで見つかる大発見となったのだ。おびただしい中国鏡の数は1号、2号合わせて、なんと57枚。有名な三雲南小路遺跡である。

1号甕棺の年代は、重圏彩画鏡や四乳雷文鏡、星雲文鏡、連弧文や重圏文の異体字銘帯鏡といった、戦国鏡から前漢鏡までの遺物構成から考えて弥生時代中期後半（紀元前1世紀ごろ）とみられる。まさに、『漢書』地理志が言及する百余国の世界、日本史上初の本格的な「王墓」の出現であった。

寄り添うように眠る2人の被葬者は、副葬品からみて高貴な男女らしい。長らく王と王妃とされてきたが、近年の研究では、5世紀後半より前の親族構成は双系制だったともいうから（田中1995）、もし、男女の合葬がキョウダイ原理にもとづくならば、2号甕棺の女性は王とみられる1号甕棺被葬者の姉か妹で、強力な呪力を備え

て王を補佐した巫女だったかもしれない。かつて一世を風靡したヒメ・ヒコ制、あるいは琉球王朝の王と聞得大君の関係を思い起こさせる。もっとも、祭祀的役割はなにも女性だけに限ったことではないとして、ヒメ・ヒコ制に否定的な見解もあるのだけれど（清家2015）。

さて、実は『柳園古器略考』には、もうひとつの「王墓」が記されている。それこそが冒頭で述べた井原鑓溝王墓だ（この遺跡は「王墓」としての条件を満たさないとの意見もあるが、ここでは便宜上、王墓として話を進める）。その年代観は、紀元後となる弥生時代後期初頭から終末期まで研究者によってかなり揺れ動くが（高橋 1994）、おおむね三雲南小路遺跡の数世代後、といったところだろうか。ひょっとしたら、『漢書』王莽伝にいう、紀元初頭に大海を渡って国珍を奉じた「東夷の王」に連なる者かもしれない。

青柳種信は、三雲南小路遺跡の発見から30年余りさかのぼる天明年間（1781～88年）の出来事として、伝聞の格好ながら出土品の図や発見時の状況を書きとどめている。それによれば、日照り続きのある日、三雲村との境に近い井原村の鑓溝という所で、農民が水路の土手をつついたところ壺が顔を出し、なかから朱が流れ出した、というのだ。21枚の鏡、ヒトデのような奇妙な形をした巴形銅器、刀剣類、「鎧の板の如きもの」があったという。「一ツの壺」とあるが、型式変化した甕棺の一種だろうか。それとも、糸島平野特有の在地的な壺棺

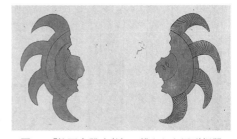

図1　『柳園古器略考』に描かれた巴形銅器

のたぐいだろうか。

　遺物はみな散逸してしまったけれど、幸いにも、種信の遺物のスケッチは詳細で正確だ。三雲南小路遺跡の経験を踏まえれば、おそらくここにも壺棺の破片や副葬品の取りこぼしが残っているに違いない。万が一なくても、これだけの厚葬墓、痕跡ぐらいは検出できるはずだ。そんな期待を背負って1997年以来、糸島市教育委員会（合併前の前原市教育委員会を含む）による井原ヤリミゾ地区の発掘調査が続いている。残念ながら、まだ当たらない（2016年夏現在）。

　でも、がっかりすることはない。これまでに後期初頭から終末期にかけての有力集団墓から木棺墓や甕棺墓が相次いで確認され、内行花文鏡(ないこうかもんきょう)など複数の鏡やガラス玉も出土しているのだから。あと一歩まで迫っているというのが大方の見方で、確実に外堀は埋められつつある。

　溝も出た。そういえば、隣の三雲南小路遺跡にも主体部を取り囲む溝がある。新たな溝がそれと関連していたらおもしろい。ひょっとしたらこの一帯は、伊都国王家の聖なる墓域だったのかもしれない。とすれば、まだ見ぬ王墓も近いのではないか。ようやく道筋がみえてきたようである。

　それにしても、井原鑓溝王墓には謎が多い。この墓が築かれた弥生後期の日本列島では、一般的に完全な形の中国鏡は少なくなり、国産の小形仿製鏡(ぼうせいきょう)や中国鏡の破片が多くなる。そんななかで、大量の鏡を持つ墓は異例だ。なぜだろう。これも伊都国王の墓という特殊性ゆえだろうか。

　肝心の主役にいまだ手が届かないとはいえ、弥生後期以降も伊都国が繁栄していたことは、集団墓の発掘成果からも明らかだ。『後

第1章 倭人伝のクニグニはいま 11

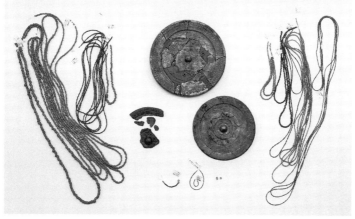

図2　井原鑓溝王墓推定地周辺の調査
上：上空から見た発掘現場のひとつ（方位は車道側が東）
下：墓群から出土した多彩な副葬品

漢書』倭伝には帥升(すいしょう)という人物が登場する。紀元107年、後漢王朝に使いを出して生口160人を献じたという「倭国王」である。諸勢力をまとめた伊都国王にあてられることが多く、鑓溝王墓の被葬者こそこの人物だったと踏み込んだ説もある（寺沢 2000）。また、伊都国最後の王墓とされる平原(ひらばる)遺跡出土の鏡40枚には、帥升が持ち帰った鏡が含まれているともいう（柳田 1996）。

倭人伝は卑弥呼登場の前、「その国、本また男子を以て王となし、住まること七、八十年」と記した。倭国の乱をさかのぼること70〜80年、この男王が帥升ならば、彼の遣使の直前に倭国が成立した可能性が高い（西嶋 1994）。すなわち伊都国は、弥生時代後期における列島のクニグニをまとめた倭国の盟主で、邪馬台国が台頭するまでは倭国王が居する都だったことになるのだ。国名に「都」の字があてられることも、それを示唆しているのかもしれない（柳田 2002）。倭国の成立は帥升の遣使時ではなく、あくまで邪馬台国を中心とした広域連合の成立時だとする見方もあるけれど（白石 2002）、少なくとも伊都国は当時、まさに日本列島の中心だったとはいえそうだ。これこそが、筑紫連合体制（小田 1987）やイト倭国（寺沢 2000）などと研究者が呼んでいる政治機構の実態であった。

そう考えれば、文献史上に表れる伊都国の特殊性も理解できそうだ。倭人伝には30のクニグニが登場するけれど、ほとんどは簡単な記述で、名前だけのクニも多い。だが、伊都国は違う。歴代の王がいて、海外からの使いがとどまる所で、一大率という巡察使のような人物が近隣諸国をにらんでいて。とにかく記述がやたら詳しい。帥升から1世紀を経た卑弥呼の時代、伊都国の重要性は相対的に低下していたのかもしれないが、そのプライドと伝統は、なお一

目置かれていたに違いない。

　そんな国際的な拠点性を反映してか、三雲遺跡群からは不思議な文字資料が見つかっている。表面に「竟」と彫り込まれた3世紀の土器だ。出土鏡の銘との類似から「鏡」の略字という解釈がある一方で（平川 2004・2014）、「咊」「口」と分けて講和盟約のための器とみる説もある（久米 2010）。いかんともしがたいが、鏡がざくざく出土する、いかにも伊都国ならではの発見といえるだろう。さらには近年、楽浪系土器が密集する番上地区で、漢代に盛行した石硯の一部が見

図3　三雲遺跡群の甕棺に記された文字らしき線刻

つかった。待望の筆記用具である。対外窓口としての機能を考えれば、ここに文字を操るインテリ層がいたとしても不思議ではない。

　また、糸島半島の東西では、今宿五郎江遺跡（福岡市）や吉井水付遺跡（福岡県糸島市）など国境防備に関連するともいう集落遺跡も発掘され、国内の社会構造が明らかになりつつある。今宿五郎江遺跡からは環濠のほか、楽浪土器や瓦質土器、貨泉、銅鈴といった対外交流を物語る遺物が出土しているので交易の場としての性格も強いが、そのピークは環濠の埋没しつつあった弥生終末期前後のようで（森本 2010）、短甲や楯らしい木製品、矢尻も見つかっている。はたして、これらの集落跡は2世紀後半の「倭国乱」にも関係したのだろうか。この争乱を境に、主導権が伊都国から邪馬台国へ移動していく姿を想定するならば（仁藤 2009）、これらの遺跡は日

本列島を揺り動かすドラマチックな歴史の転換を目撃したのかもしれない。

いずれにせよ、倭人伝の編者である陳寿らが伊都国を特別なクニとして理解していたのは間違いなさそうだ。卑弥呼時代に至る日本列島史のなかで、伊都国が果たした歴史的役割はきわめて大きいのである。

3. よみがえった「王墓」──末盧国──

海岸線に沿って見事な松林が延びる。玄界灘に面した佐賀県の名勝「虹の松原」である。空からみると、まるで鶴が翼を広げたようで美しい。倭人伝に登場する本土最初のクニ末盧国は、この唐津平野一帯だった。ようやく倭国の土を踏みしめた中国使節の一行も、この白砂青松の風景を愛でたのだろうか。

もちろん、当時も同じ地形だったかはわからない。実際、彼らが受けた印象は少し違った。「山海に浜（そ）うて居る。草木茂盛し、行くに前人を見ず」。倭国本土の玄関口にしては、あまりに寂しげではないか。詳細な記録がある邪馬台国までの8カ国で、役人らしき「官」の記述がないのもここだけ。クニというには何か物足りない。末盧国は片田舎に過ぎなかったのか。

ところが、考古学的には違った様相がみえる。唐津は菜畑遺跡で有名な水田稲作発祥の地だし、宇木汲田遺跡や柏崎遺跡、桜馬場遺跡といった豪華な遺物を納めた墓が少なくない。ただし、それらは東西にばらけていて、どうも一貫性がないようだ。分散した複数の有力集団が、時期ごとに力関係を変化させながらも並立していた、それが末盧国の実態に近いのかもしれない。倭人伝のそっけない描

写も、このまとまりのなさゆえだろうか。

 弥生終末期の墓から方格規矩鏡と内行花文鏡が出土した中原遺跡では、碧玉製管玉や翡翠の勾玉といった玉の副葬が異常に多い。特に翡翠には執着したようで、地元勢力が翡翠の産地として有名な北陸地方などと交渉を持った可能性が指摘されている。確かに、中原遺跡に限らず、唐津平野では翡翠が妙に目につく。倭人伝には「好んで魚鰒を捕え、水深浅となく、皆沈没してこれを取る」とあって末盧国の人々と海との強い絆をしのばせるが、彼らは日々の生業のみならず、長距離海上交易を担った海人族だったのかもしれない。

 さて、前述の首長墓のなかでも、「王墓」として知られるのが桜馬場遺跡（佐賀県唐津市）だ。伊都国の三雲南小路遺跡（福岡県糸島市）や井原鑓溝王墓（同）と同様、幻の「王墓」だった。というのは、太平洋戦争の最中に発見されたものの、混乱した時勢のなかで行方不明になっていたのだ。2007年、それが再び発見された。とはいえ「王墓」というには、あまりに控えめ。それは民家に埋もれるように、ひっそりとあった。

 1944年、防空壕を掘っていると、方格規矩鏡2枚、ヒトデのような巴形銅器3点、かぎのついた有鉤銅釧26点が甕棺から出てきた。弥生後期の青銅器群だった。しかし、なにぶん混乱の時代、簡単な出土状況の絵図と遺物を残して甕棺は埋め戻され、戦後、行方はあいまいに。そこで唐津市教育委員会は、わずかな記録をたどって推定地の発掘に取りかかる。その結果、甕棺の残骸とともに、新たに鏡片や巴形銅器片、素環頭大刀、ガラス小玉や翡翠の勾玉などを見つけた。鏡片は戦時中の遺物の一部であることが判明し、行方不明の「王墓」と断定できたのだ。実に63年ぶりのことだった。

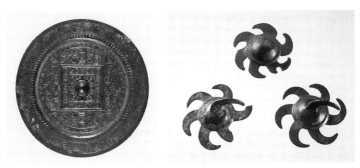

図4 桜馬場遺跡出土の鏡（左）と巴形銅器（右）

　王墓級の厚葬墓が幸いに見つかっても江戸時代の発見だったり偶然の発見で詳しい記録がなかったり、という事例が少なくないから、正式な発掘調査で遺構が把握できた桜馬場例はきわめて貴重で、新たな知見をもたらした。

　まず、年代観。甕棺は北部九州の編年に欠かせない。桜馬場遺跡の甕棺は「桜馬場式」という一型式になってきたが、なにしろ絵図だけに見方によって研究者の解釈が異なり、中期説から後期中ごろまで幅があった。ところが実物の発見で、このグレーゾーンの絞り込みが可能になったのだ。

　そして、「王墓」の構造。三雲南小路遺跡や平原遺跡の調査から伊都国の王墓は一般人と隔絶した独立区画と墳丘を持っていたことがわかる。では、他のクニグニにその構造を敷衍できるのか。それとも、地域差や国力の差を反映した違いがあるのか。

　桜馬場遺跡はその問いへのヒントを与えた。王墓の北10メートルほどに七基の甕棺群があった。両者の間には何もない。つまり三雲同様、末盧王の墓にも独立した「聖域」があった可能性が出てきたわけだ。とすれば、倭人伝のクニグニの首長層の葬制に共通性が

浮かび上がる。遺構は削られたり攪乱されたりしているので墳丘や溝の検出は難しそうだが、弥生時代の北部九州が葬送観念や造墓理念に同じ価値観を共有していたことが明らかになれば、加美遺跡（大阪市）など一貫して家族墓的な様相を示す近畿地方の墓制との比較検討も一層深みを増すだろう。

その発見は倭人伝が言及していない側面にも光をあてた。1957年に「王墓」の近くで出土した内行花文鏡片が、今回の発掘で見つかった破片とつながった。鏡の時期については諸説あるけれど、「王墓」出土の方格規矩鏡の時期とは少しずれるらしい。もし、内行花文鏡が別の甕棺の副葬品だったとすれば、複数の王墓やそれに準じる墓があったことになる。実際、「王墓」と別個体の甕棺らしき残骸も確認できたという。倭人伝は伊都国にのみ「世々王がいる」と記したが、のちに書かれた『後漢書』倭伝には「国はみな王を称し、世々、統を伝える」とある。末盧国もまた、お隣の伊都国同様、歴代の王の系譜を有していたのだろうか。それとも、桜馬場遺跡はあくまで有力者層の集団墓地のひとつに過ぎないのだろうか。

新発見は謎も生む。常識に反しかねない課題も出てきた。たとえば、1944年に近くで発見されていた広形銅矛である。広形銅矛は後期後半の遺物で、一般的には共同体の祭器とされ、銅鐸のように人里離れた場所に埋められるのが普通だ。例外的に墓に納められたのは対馬の塔の首遺跡など、ごくわずか。しかし、桜馬場という墓域で発見された事実は、これが副葬品だった可能性をほのめかす。また、銅釧が多いのも特徴的だ。末盧国の「王」は、墓の構造を他のクニグニと共通させながらも、倭人伝からは読み取ることのできない、独自の葬送思想を持っていたのだろうか。

4. 倭人は船出した──一支国（1）──

　朝鮮半島と九州とを結ぶ位置に、長崎県の離島、壱岐はある。倭人伝がいう「一支国」の故地である。その住民は、古くから船を操ることにたけた海の民だった。はるか大海原に船をこぎ出し、縦横無尽に波濤を駆け巡った彼らの活躍を伝える事跡は、いまも事欠かない。

　弥生時代、ここに大環濠集落が出現した。一支国の「都」、原の辻遺跡（長崎県壱岐市）だ。丘の上からこの遺跡を見渡すように建つ壱岐市立一支国博物館には巨大な船の模型があって、見学者を圧倒する。手斧の跡が残り、すごく重そうだ。丸木舟に舷側板を付け足した準構造船である。

　弥生時代に続く古墳時代、準構造船はポピュラーだったようで、その証拠は多数存在する。西都原古墳群（宮崎県）や宝塚古墳（三重県）ではこの種の船の埴輪が出土し、袴狭遺跡（兵庫県）の古墳時代前期の板材の絵には十数隻もの船団さえみえる。造船学からは、その船体の長さは25メートルに及ぶとの試算もあるようだ。

　装飾古墳にもたくさんの大型船が描かれており、たとえば梅崎古墳（熊本県）にはムカデのように24本ものオールを垂らした船がみえる。もちろんこの数をそのまま受け取ることには慎重であるべきだけれど、現実を反映していると仮定しよう。オールの間にこぎ手が入ることも考慮して、もし片側で半分の12本を表現しているのなら15メートル以上の船体に、もし24本全部が片側にあったことを描写しているとするならば30メートルもの大きさになるともいう（高木・土野 2010）。

ただ、どんな操船技術があったのかを具体的に証明するのはなかなか難しそうだ。有名な珍敷塚古墳（福岡県）の壁画には帆のような表現があるものの、実際のところ、いつから帆が使われたのかよくわからない（松木 1986）。ただ、荒尾南遺跡（岐阜県）出土の土器線刻画などにみえる表現を帆と認めるならば、帆走は弥生時代から存在したことになるだろう（宇野 2005）。

　準構造船の活躍は弥生時代にさかのぼるらしい。清水風遺跡（奈良県）出土の土器にはたくさんの櫂を持つ船が描かれていた。青谷上寺地遺跡（鳥取県）から出土した木片には6隻の船が刻まれており、先頭の船には他の船と違って装飾がついている。どうやら大型

図5　清水風遺跡出土の土器に描かれた船

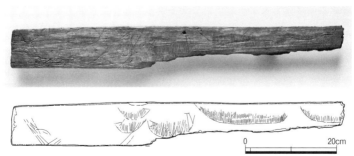

図6　青谷上寺地遺跡出土の板に描かれた船団

船が率いる船団らしく、少なくとも中期後半には役割の分化した船からなる船団が存在した可能性がある（深澤 2005）。先の袴狭遺跡出土の板絵に、斥候船や輸送船、護送船など複数の船種をみる考えもあるようだから（置田 2005）、古墳時代の船団は弥生時代の船団を発展継承させたものといえるだろうか。とすれば、弥生時代の海洋戦略は、すでにかなり高度な内容とバリエーションを有していたことになるが、どうだろう。

　もっとも、こんな事例を挙げるまでもなく、弥生のクニグニと朝鮮半島や中国との往来は数々の史料に記されているわけだから、外洋航海用の大型船が存在しても不思議ではない。オールかパドルか、操船技術の解明はこれからだとしても。

　さて、倭人伝は壱岐の人々が「南北に市糴（してき）」していたと伝える。海を南北に行き来し、自由自在に交易したという意味だ。海の民が集った原の辻遺跡は、まさに「海都」にふさわしい。船の往来があれば、停泊した港があるはず。ここで待望の船着き場の跡が見つかったのは1996年のことだった。東の内海湾から幡鉾川を1.5キロほどさかのぼった所である。

　突堤には石が積まれ、まるでドックのよう。より強固にするため、植物の葉や枝を敷き込む敷粗朶（しきそだ）という土木工法が使われ、小規模ながら丁寧な造りだ。船は入り江から川をさかのぼって、ここまでたどりついたらしい。国内ではほかに、岡山県の上東遺跡で波止場状遺構が見つかっているだけ。ただし、敷粗朶工法は使われているものの「石垣」はないので、船着き場に慎重な意見もある（下澤 2005）。韓国では金海の官洞里遺跡などでも4世紀代の船着き場が見つかり、邪馬台国時代に相当する遺構の出現も期待されている。

　ちなみに、律令期の官道さながらの直線道路の最古例は原の辻遺

跡だそうで（近江 2010）、港から集落まで両側に側溝を備えた道路遺構が検出されている。外国使節を迎える特別な演出だったのかもしれない。

　原の辻遺跡の船着き場周辺には、朝鮮半島由来の無文土器が集中している。甕とか高坏とか日用品的なものばかりだから、朝鮮半島の人々がここに長期滞在していたはずだ。彼らのコロニーだろうか。同時に、朝鮮系無文土器をまねた擬無文土器も混在し、朝鮮半島で出土する弥生系土器との類似点が指摘されている（片岡 2001）。ということは、半島からの渡来人ばかりでなく、壱岐を拠点に対馬海峡を往来した地元集団の存在も想定できそうだ。まさに彼らは異世界をつなぎながら境界に生きるマージナル・マン（村井 1993）のはしりといえないか。それとも、のちの日宋貿易で活躍した博多綱首のような「海商」にたとえた方がよいだろうか。

　興味深いことに、原の辻遺跡では「権」、つまり竿秤の量りが出土している。彼らの商売道具だったと想像したいところだけれど、実用品かどうかわからない。ただ、対岸の韓国の茶戸里遺跡ではおもりとみられる銅環のセットの一部が出ているし、勒島遺跡でも鉄や石製の権の存在が提起されているから、倭人もまた竿秤を使って経済活動をしていたと思いたくなる（武末 2010）。ならば、青谷上寺地遺跡の鐸形石製品もまた、権のようなおもりとみてよいだろうか（武末 2013a）。

　海外の精神文化の面影も見え隠れする。原の辻遺跡では竜らしき絵が彫られた弥生土器が見つかっている。竜のルーツは古代中国だから、ここに中国の精神世界を理解した人がいてもおかしくないし、実際、長らく楽浪系と思われていた土器のなかに中国・遼東系のものが混じっていることが明らかになりつつあるので、中国人が

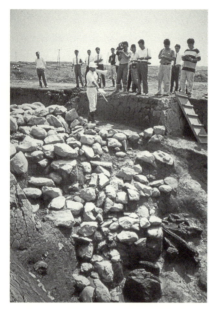

図8　原の辻遺跡の「権」

図7　原の辻遺跡で見つかった船着き場の跡

外交政策などでも訪れていたのだろう（古澤 2010）。中国の外交使節が壱岐を経由して倭国本土へ旅立ち、庶民もまた東アジア海域を股にかけて盛んに経済活動を営んでいたわけで、内外の人々が入り乱れる国際色豊かな「港湾都市」の喧噪が聞こえてくるようだ。

　壱岐の緯度はエーゲ海に浮かぶクレタ島に近いという。壱岐を取り巻く海は、まさに海上交易で栄えた地中海ならぬ「東アジア地中海」と呼ぶにふさわしい（西谷 2011a）。

　残念ながら、壱岐で実物の弥生船の発見は報告されていないが、南の対岸、福岡県糸島市の潤地頭給（うるうじとうきゅう）遺跡から、井戸枠に転用された船の部材が見つかっている。壱岐では糸島半島系の土器がたくさん出土するので、伊都国は一支国の重要な交易相手だったはずだ。その頻繁なやりとりを考えれば、壱岐で使われた船も本土でつくら

れた可能性はあるだろう。

　倭人伝によると、北部九州のクニグニは邪馬台国に統属したという。239 年、女王卑弥呼は魏に使節団を派遣した。ひょっとしたら、一行を先導した人々こそ一支国の海人たちだった……かもしれない。

5.　もうひとつの海上都市 ── 一支国（2）──

　一支国の「首都」は特別史跡の大環濠集落、原の辻遺跡である。彼我を結ぶ海路の結節点にして、内外の物品が流れ込む国際流通都市であった。ところが壱岐には、それとは別に、もうひとつの国際交易センターがあったらしい。その名をカラカミ遺跡という。

　カラカミ遺跡は壱岐島のほぼ中心部にある。濃い森に囲まれた山の頂付近に位置し、集落跡というより、むしろ要塞のようだ。しかし川を下れば海と直接つながり、実際、アワビをこそぎとる道具のアワビオコシが散見されるなど、漁撈にかかわる遺物が多い。

　1952 年の東亜考古学会による調査に始まり、2004 年からは九州大学が発掘。壱岐市も調査を続けてきた。その間、カラカミ遺跡には漁村のイメージが定着し、原の辻遺跡の陰に隠れて、その衛星集落的な位置づけに甘んじてきた。ところが近年、鉄の生産や流通システムの面から、こんな固定観念を打ち破りそうな発掘成果が次々に報告され始めている（宮本 2012）。

　カラカミ遺跡には原の辻遺跡同様、楽浪土器や三韓土器といった朝鮮半島系の土器とともに、九州本土でつくられた土器も多い。壱岐は伝統的に対岸の糸島半島との関係が深いが、宮本一夫さんの観察によると、原の辻遺跡が現在の福岡県を東西に分ける遠賀川以西

の土器を主流とするのに対し、カラカミ遺跡では以西地域はもちろん、遠賀川東側の土器も同じぐらいの比率で見つかるそうだ。つまりカラカミ遺跡には北部九州の東西からいろんな人々が広く集まっていたわけで、しかも原の辻遺跡とは異なる対外チャンネルを持っていたことになる。

　また、土器の胎土分析によると両者の素材は異なるため、二つの遺跡の交流はあまりなかったとの見方も成り立つようだ。となると、カラカミ遺跡は衛星集落どころか、原の辻遺跡とは一線を画した独立勢力で、独自の流通ルートを確保した国際海上交易センターだった可能性さえ浮かんでくる。

　生活残滓として、アワビそのものも見つかった。とても家族単位で消費できる数ではないから、これもまた交易品だったのかもしれない。干しアワビにでもしたのだろうか。

　弥生集落と聞けば、のどかな水田が広がる風景を誰もが思い浮かべるはず。壱岐は離島ながら、水田に適した平野を擁する、長崎県有数の地域だ。ところが興味深いことに、カラカミ遺跡では小麦の出土量が多いという。原の辻遺跡をはじめ、その他の集落は米が主体を占めるにもかかわらず、である。山に囲まれた地理を勘案しても、なにか不思議な気がする。住民の食文化が違ったのか、それともやはり交易品だったのか。

　もうひとつ特筆すべきなのが、鉄生産施設の発見である。

　日本列島で原料から鉄を取り出す「製鉄」がいつ始まったかをめぐっては、古墳時代とする説と弥生時代にさかのぼるとする説が並立して長い論争を繰り広げてきた。確かなのは、鉄素材を道具に加工する鍛冶の技術は弥生時代後期から盛んになり、なかでも弥生の先進地であった北部九州の遺跡からはたくさんの鉄製品が出土する

図9 鉄生産をしのばせるカラカミ遺跡

こと。カラカミ遺跡では、その鉄素材がおびただしく見つかっているのだ。

　金属加工の工房跡が密集する奴国(福岡平野)のイメージとはだいぶ異なるけれど、そもそも壱岐は、弥生時代における鉄研究の「有力な基準になる」と古くから注目されてきた土地柄である(岡崎 1956)。鉄を求めて各地からここに人々が集まってきたことも十分に考えられる。『魏志』の弁辰伝には倭人が朝鮮半島南部の鉄に頼っていたとあるし、韓国釜山の莱城遺跡の鍛冶遺構からは弥生土器も出ているそうだから、鉄を求めた倭人が半島で、何らかの形で鉄生産に携わったとみることもできる。それどころか、蔚山の達川遺跡では、倭人が鉄鉱石の採取自体に加わった可能性さえ指摘されている(武末 2013b)。「南北に市糴」した対馬や壱岐の集団は米と鉄素材を交換していたともいう(東 2004)。かの地の鉄素材が壱岐

で集配されていても何ら不自然ではない。

　複数の炉跡も確認された。地面に穴を掘るタイプではなく、炉壁を持つ地上炉らしい。日本列島内では弥生時代の鍛冶炉に4類型が設定されているが（村上 2007）、そのどれにも当てはまらないようだ。もし新出のタイプだとすれば、本土とは別系統のものと考えた方がよいのだろうか。一説には、精錬炉ともいわれる韓国の勒島遺跡の遺構に似ているそうだ（これについては構造の違いを主張する声もある）。カラカミ遺跡では、鋳造鉄片と鉄鉱石が付着した形で出土しており、これらを混ぜて精錬する「銑卸し鉄法」の可能性も指摘されている（宮本 2012）。弥生時代後期後半の下大隈式のころとみられ、日本で精錬炉の登場は古墳時代とされるから、それが正しければ製鉄史に一石を投じることになる。

　長さ8メートルもの大型建物跡の屋内に備えつけられた炉もあった。鉄関連の工房だろうか。高温を確保する鞴（ふいご）の羽口も出てきた。でも、鍛冶作業の際に出る鉄片は少ない。ということは、鉄片を再利用できるほどの高温炉だったことを示唆する。実際、その焼け跡はコテも入らないほどカチカチで、日常的に高温にさらされていたらしい。

　こんな海外の最先端の製鉄関連技術が列島と半島を結ぶカラカミ遺跡に持ち込まれていたとすれば、漁村としての既成概念はもはや通用しない。先の勒島遺跡は弥生土器が出土し、倭人が海を渡って訪れた遺跡として知られている。それだけに、弥生人が積極的に鉄を求めて半島へ出かけ、そこで知り得た技術をカラカミに持ち込んだという推論も荒唐無稽だと切り捨てるわけにはいかないのだ。

　カラカミ遺跡の存続期間は中期後半（紀元前1世紀）から後期後半（紀元後2世紀ごろ）までの、約300年間だ。その登場は楽浪郡

設置後の長距離交易が始まる段階と重なり、廃絶時期は、倭人伝のいう「倭国乱」、『後漢書』倭伝がいう「倭国大乱」のころと合致する。宮本さんがみるところ、卑弥呼の時代がおとずれるまではここが北部九州の交易ネットワークの要として機能し、その後、主役は博多遺跡群など東へ移動していくという。北部九州から大和へと交易網の中心が移る転換期を、「倭国乱」は象徴しているのだろうか。とすれば、北部九州の交易ネットワークの崩壊とともに、カラカミ遺跡も幕を閉じたことになる。

　弥生時代から古墳時代にかけての朝鮮半島と日本列島を結ぶ流通システムに関しては、多くの仮説が提出されてきた。韓国の勒島遺跡から原の辻遺跡（あるいは三雲も含む）、博多湾へと交易の主体が政治状況に合わせて移り変わっていくモデルが代表的だろう（白井 2001、久住 2007）。瀬戸内圏の安定した海路と広域商業活動の基盤づくりに邪馬台国の本質をみる意見もある（森岡 1991・1998）。そこにカラカミ遺跡が絡んでくる可能性が出てきたわけで、弥生の国際交易網はより一層、複雑かつ具体性を帯びてきた。

　カラカミ遺跡は単なる漁村などではなく、北部九州に鉄を供給し、長距離交易を行う中継基地だったのか。国際海上貿易のコントロールセンターであり、重工業コンビナート。そして、古墳時代の到来とともに滅んだ、もうひとつの幻の都。そこまでいうのは、言い過ぎだろうか。

6. 弥生のハイテク工業地帯——奴国——

　倭人伝に2万余戸を数えるとされた奴国。福岡県春日市から福岡市にかけての福岡平野を中心に存在したとされるクニで、西の伊都

国と並ぶ盟主的存在だった。倭人伝の記述は意外にあっさりしているが、30枚前後ともいわれる中国鏡を出土した「王墓」、須玖岡本遺跡D地点を擁し、国宝「漢委奴国王」の金印がもたらされた事実は、このクニがほかの諸国と一線を画す存在だったことを如実に物語る。倭人伝には旁国に重複がみられ、たびたび議論の対象となるやっかいなクニではあるけれど、それも奴国の特殊性ゆえか。そして、最もこのクニを特徴づけるのが、金属器やガラス製品などの突出した生産システムの存在だろう。

　福岡平野の南部に位置する春日丘陵には、弥生時代に花開いた金属器文化の名残が密集する。剣、矛、戈、鏃、鏡、釧、鐸といった多種多様な青銅器鋳型あり、鞴の羽口や銅滓、鉄器の生産遺構あり。工房群は弥生時代の中期後半から稼働を始め、後期に入ると九州の金属器生産を一手に引き受けて、ほぼ独占状態の様相を呈する。剣、矛、戈や銅鐸の鋳型が出土した大谷遺跡、小銅鐸あるいは鏡の鋳型を出した須玖坂本遺跡や須玖永田遺跡、ガラス工房の須玖五反田遺跡、鉄器工房の赤井手遺跡……。きら星のごとき生産遺構の数々は、まさに弥生のテクノポリス、最先端技術という意味では弥生のシリコンバレーといったところか。

　北部九州における生産ラインの独占は、単なる工業地帯という以上の意味を持っていたように思う。なにしろ、武器形青銅器の祭祀具を含めた集中的な製造はもとより、北部九州では使われていない型式までわざわざつくって中・四国以東へ供給していたほどである（吉田 2011）。その特殊な位置が、同じ祭祀を奉じる精神文化圏で奴国の存在感を相対的に高めることになったのは想像に難くない。この潜在力こそが、中国から倭国を代表する存在として認知され、金印を賜与される背景となったのではなかったか。

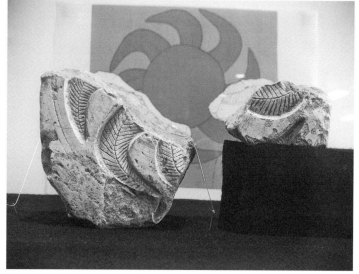

図10 奴国の領域にあたる那珂遺跡群（福岡市）で出土した巴形銅器の鋳型

　ここでつくられた広形銅矛が対馬から瀬戸内地域まで出回ったのは言うに及ばず、明治期に四国で発見された巴形銅器に合致する鋳型が須玖遺跡群に近い九州大学の筑紫地区キャンパスで出てきたことも、奴国発の多彩な青銅器文化が列島内に広く波及し、席巻していた史実をうかがわせる（田尻 2009）。こんな活発な生産活動は、もう一方の雄、伊都国に青銅器の生産遺構がほとんど目立たないのと著しく対照的で、どうも両国の間には明確な役割分担があったようだ。事実、奴国の一角を占める那珂遺跡群（福岡市）で出土した巴形銅器の鋳型は、伊都国王墓のひとつ井原鑓溝王墓の記録に残された巴形銅器に酷似するという（久住 2012）。奴国の祭器が伊都国に提供されていたことを推測させ、両者の密接な連携をうかがわせる。

ところが、奴国を支えた金属器生産には、どうにも不可解な点があった。後期にあれほど繁栄したにもかかわらず、中期初頭にさかのぼる初期の生産体制の痕跡がどこにも見あたらないのである。

渡来人と彼らの携えた先端技術が最初に上陸したのは玄界灘沿岸部とされている。奴国がこの地域に含まれるのはいうまでもない。そのルートは倭人伝の記述とも重なり、末盧国があった佐賀県唐津市の菜畑遺跡に最古の水田稲作遺構が現れたごとく、弥生時代はこの一帯で幕を開けた。前期末から中期に移るころになると、当時のハイテク技術の結晶である金属器文化が開花する。だから当然、青銅器の製作も玄界灘沿岸部からスタートしたと思いがちだが、調査結果をみる限り、そうとも言い切れない。製品自体は多いのだが、こと鋳型など生産拠点の証拠となると、どうしたことかわずかな例をのぞいて玄界灘沿岸部よりも、有明海周縁に集中するのである。

たとえば、熊本市の八ノ坪遺跡。2004年、弥生中期前半の遺構から青銅器鋳造の関連資料が続々と現れた。朝鮮半島由来の細形銅戈や矛を鋳造するための石の鋳型、鋳造時に出る銅のかす、高熱を作り出すための鞴の送風管……。いずれも初期の青銅武器類が実際にこの地でつくられたことを示す物証である。

人骨もあった。専門家の分析によると、推定身長162センチで、縄文時代以来の在来人と異なる体格を持つ、背の高い渡来人の骨らしい。青銅器の製作者本人だろうか。少なくとも渡来人が熊本まで来ていたのは確かで、拡散の最前線として熊本平野は移住するのに適した環境だった、ということかもしれない。

さらに目立つのが佐賀平野だ。吉野ヶ里や姉、鍋島本村南、惣座といった各遺跡で、やはり細形の剣や矛、戈など古いタイプの青銅器やその鋳型が点在する。ということは、最新技術の青銅器生産が

渡来人上陸の地である玄界灘沿岸部を飛び越えて、南の佐賀平野や熊本平野に伝播したことになる。そして弥生時代中期中ごろ段階に至ってようやく、まとまった数の鋳型を出した本行遺跡（佐賀県鳥栖市）や安永田遺跡（同）など東へ集約していく様子がみてとれるのだ（下條 2000）。この現象をどう理解すればいいのだろう。

　玄界灘沿岸部の人々は朝鮮半島に近いから、いつでも青銅器の製品を手に入れることができた。でも、この集団に遮られていた佐賀平野の勢力は製品をなかなか手に入れることができない。そこで彼らは青銅器工人の受け入れに、より積極的になったのではないか——。そんな解釈もある（片岡 1999）。なるほどなあ、と思うけれど、それも選択肢のひとつ。供給は佐賀平野、需要は玄界灘沿岸部という関係が明確にあったのかもしれないし、真相はわからない。

　ところが近年、この難問が動き始めた。2014 年から 2015 年にかけて、奴国の中枢の一角を占める須玖タカウタ遺跡（福岡県春日市）で初期青銅器の鋳型がいくつも見つかったのだ。剣や矛、戈、銅鐸、そして多鈕鏡の、中期前半にさかのぼる土製鋳型や石製鋳型である。土製鋳型は国内最古の確認例。石製はともかく、壊れやすい土製がよく残っていたものだ。手元から関にかけての一部ではあるが、吉野ヶ里遺跡（佐賀県）や向津具遺跡（山口県）などでしか確認されていない、珍しい一鋳式の有柄銅剣の石製鋳型もあった。この地域に古式鋳型の存在は予想されてはいたものの、ついにまとまった形で現れたのである。

　弥生時代中期前半や中ごろの様相がいまひとつわからなかった須玖遺跡群での新発見は、玄界灘沿岸部でも当初から金属器生産が行われていたことを意味する。つまり、奴国の地が、金属器登場から

図11 須玖タカウタ遺跡出土の土製鋳型（下）と出土状況（左）

一貫して生産を担ってきたことを明らかにし、研究者を悩ませてきた謎が、ある程度は解けたといってもよい。

とはいえ、これですべて解決したわけではない。なぜなら、初期の青銅器生産が広域に点在する状況は依然として変わらないからだ。青銅器生産が一元的に始まったのならば、その痕跡は狭い範囲に集約されていてよさそうなものだけれど、考古学的に逆の動きを示すのはどうしてだろう。やはり有明海や玄界灘など複数の流入ルートがあったととらえるべきなのか。それとも、どこか1カ所に上陸した渡来人たちが短期間のうちに拡散し、広範囲に複数の拠点

を築いたとみるべきなのか。それが奴国域に収束していく過程は、地域間格差の顕在化にともなう、有力集団による先進技術の囲い込みが始まったと考えるべきなのか。

また、土製と石製の鋳型が混在しているのはなぜだろう。そもそも北部九州の武器形青銅器の生産については「石製鋳型への固執」とさえ表現されるほど石型が一般的で、そこに重要な意味すら付与されてきた（吉田 2009）。一方で、銅剣にともなう複雑な十字形把頭飾（とうしょく）などは土型の使用を考えざるを得なかったわけだが、本体にも両方の鋳型があったとなると話はややこしい。製品の種類によって、何らかの使い分け、つくり分けがあったのだろうか。

なかでも多鈕鏡（たちゅうきょう）の鋳型は衝撃だった。おそらく多鈕細文鏡とみられる。日本列島で最初に出現したこの鏡種はすべて朝鮮半島製だとする従来の通説を見事にひっくり返し、鏡もまた金属器文化の到来と同時に国内生産が始まったことを証明したのだから。

多鈕細文鏡は中期初頭の遺跡から出土する朝鮮半島由来の品で、九州や近畿などで10枚余りが確認されている。複数のつまみと背面の緻密な幾何学文様が特徴で、鏡面がわずかにくぼんでいて光を一点に集めやすいため、シャーマンの祭祀具との関連も説かれてきた。日本列島においては中期後半の墓から出土する中国の前漢鏡より古い。

図12 須玖タカウタ遺跡出土の多鈕鏡鋳型

鏡といえば刀剣類や玉類と並ぶ権威のシンボル。かつて「最古の王墓」とか「早良国王の墓」などと騒がれた有名な吉武高木遺跡3号木棺（福岡市）の副葬品も、この多鈕細文鏡と細形銅剣や矛、戈だった。ところが前述のように、武器形青銅器の国内生産は古くから始まっていたのに多鈕細文鏡の鋳型だけがないため、すべて朝鮮半島からの搬入品と考えるほかなかった。その細かい文様は当時の倭人の技術では不可能だったのだ、と。しかし、これで鏡も例外ではなかったことがはっきりしたわけだ。

　ただ、どうもすっきりしない。というのは、長さ5.1センチ、幅2.5センチ、厚さ2.3センチ、鈕の周辺のほんの一部という不完全さもさることながら、この鋳型に刻まれた文様は、あの精緻な細工ではなく、どちらかといえば、朝鮮半島で細文鏡に先行する多鈕粗文鏡の大振りな文様に近いのだ。粗文鏡のおおざっぱな図柄は石製鋳型でも可能だが、細文鏡の繊細な細工となると石製ではとても無理で、土製に頼らざるを得ない。では、この鋳型が粗文鏡かといえば時期が大きく異なるし、日本列島にその出土はないので、さすがに難しい。それに、鋸歯文に加え、本家の朝鮮半島の製品にはない、いかにも日本的な重弧文が彫り込まれている。そこで春日市教育委員会が出した結論は、倭人が朝鮮半島製の細文鏡の完全な模倣をめざす途上の産物、いわばプロトタイプで、国産化のプロセスにおける試行錯誤を示す軌跡、というものだった。それは人的交流や情報交換において、この時点で早くも日本列島と朝鮮半島が疎遠になりつつあったことをも示唆しているのだろうか（岩永1997）。

　なんとも悩ましいが、考えようによっては石型だったからこそいままで残り、私たちの目に触れることができたわけだし、須玖タカウタ遺跡では土型も発見されているから、細文鏡の土型発見にも淡

い期待を抱かずにはいられない。

　一方、この発見もまた、新たな課題を生む。もし弥生時代中期前半に鏡の製作技術が模倣されたとしたら、それはのちの時代に受け継がれていてもよさそうだ。これまで日本列島で初の国産鏡の出現は紀元前後、中国の前漢鏡をまねた小形仿製鏡とされてきた。その登場まで相当な時間的ヒアタスがあるのはなぜだろうか。小形仿製鏡はお世辞にも精巧なシロモノとはいえないから、多鈕細文鏡を手がけるほどの技術があったなら、それは断絶して後世に引き継がれなかったと考えるしかない。場合によっては、ずっとのちの、舶載か国産かと国内製作技術の有無が焦点になっている平原遺跡（福岡県糸島市）出土鏡の問題、さらには古代史最大の謎のひとつ三角縁神 獣 鏡にかかわる論争ともリンクする。

　いずれにせよ弥生時代の技術論に、国内初の多鈕鏡鋳型が投げかけた影響は小さなものではないはずだ。新発見とは、それまでの謎を氷解させもするが、新たな謎も生み出すもの。須玖タカウタ遺跡の成果はその典型的な例だといえるだろう。

　科学技術立国、日本の原点をみるような奴国の生産システム。いまではすっかり市街地化してしまって当時の面影はまったく失われているが、福岡平野の地下には、奴国の都とともに膨大な情報を秘めた未知の遺跡が眠っているに違いない。須玖岡本王墓に続いた歴代の王たちの墓も未発見だ。青銅器生産の独占とそれにもとづく富の蓄積は奴国の社会機構を変革し、統治機能の複雑化を促してさらに発展させたことだろう。それは国内のインフラ整備にも反映され、強大な生産力を背景に弥生中期後半から「都市化」を加速させたようだ。その結果、政治・宗教センターの須玖岡本遺跡周辺と、交易（経済）センターである比恵・那珂遺跡群（福岡市）が並立す

る「国家」的社会が出現した、と評する向きもある（久住 2008）。その領域は現在の福岡都市圏の一部と重なり、悠久の国際貿易都市である商都、博多と近世の城下町、福岡が結びついたツインシティ、福岡市の原形をみる思いがする。それはいまに息づく奴国のDNAなのかもしれない。

7. 知られざるクニグニ──企救・宗像・斯馬──

30のクニグニが描かれた倭人伝の世界。このうち、対馬や壱岐、博多湾沿岸に位置する5カ国の所在はほぼ確定している。これらからさほど離れていない東側、すなわち、福岡県の宗像地域や北九州市周辺はどんな様子だったのか。よくわからなかったこの地域だが、ここにもクニを認めてよさそうな気配になってきた。

『漢書』地理志は「楽浪海中に倭人あり、分かれて百余国と為す」と記す。その数字を文面通りに信頼できるかどうかはともかく、紀元前1世紀ごろの倭国には100余りのクニがひしめきあっていたと中国側は認識していたらしい。それが、のちの倭人伝では「今、使訳通ずる所三十国」となる。100余国が30国に統合されたのか、それとも30国とは中国と通交したクニだけで、外交を持たないクニを入れればもっと多いのか、は諸説あるところ。当時のクニの範囲を律令制下の郡の一つか二つ分と想定すれば、実際は500ほども点在していたとの理屈も成り立つ。ならば、まだみぬクニグニがあちこちにあってもよさそうだ。

北九州市の紫川周辺は、かつて豊前国企救（規矩）郡があったあたり。官営八幡製鉄所以来の工業都市の印象からか、古代史にはいまひとつなじみが薄い地域と思われがちだが、ここでも邪馬台国時

図13 城野遺跡の発掘風景。「企救国」の名残か？

代と重なる重要遺跡が見つかっている。そのひとつが小倉南区の城野遺跡である。

同遺跡は標高14メートルほどの小高い丘にあって、北九州市芸術文化振興財団の埋蔵文化財調査室が発掘してきた。弥生時代後期をピークに、中期から終末期にわたる集落や貯蔵穴、墓などが確認されている。一辺7メートルを超える大きな竪穴住居跡も耳目を集めた。

なかでも2009年に見つかった終末期の方形周溝墓は研究者らを驚かせた。南北23.5メートル、東西17メートル、九州最大級の区画に、子ども用の箱式石棺が二つ。ほかに埋葬施設はない。たった2人だけのための巨大なお墓は、まるで将来を約束された特別な子どもたちの専用物に思える。この遺跡に隣接して、南には銅矛の埋納遺構が住居内から見つかった重留遺跡、東には集落跡の重住遺跡

図 14 田熊石畑遺跡で出土した武器形青銅器

がある。どうやらこの一帯はひとまとまりの大集落だったとみてよさそうだ。

もし、ここにクニを想定できるならば、なんと呼ばれたのだろう。伊都国がのちに怡土（いと）郡になるなど同じ音が継続する例は多いから、のちの郡の名にちなんで「企救国」だろうか（西谷 2012）。もちろん、倭人伝にその文字はない。でも、中国と外交関係を持たないため史料にその名が記されなかったのなら……と、空想は広がる。

では、博多湾沿岸部と北九州地域の間はどうだろう。たとえば宗像地方。宗像大社が鎮座し、その沖合、「海の正倉院」と呼ばれる沖ノ島は著名だ。天武天皇とも婚姻関係を結び、かの高市皇子を世に送り出した古代の大豪族宗像氏が支配した歴史の薫り豊かな土地柄なのだが、こと弥生時代に関しては痕跡に乏しい。そこに華々しく登場したのが宗像市の田熊石畑（たぐまいしはたけ）遺跡だった。

2008 年、田熊石畑遺跡では中期前半の複数の木棺墓から、剣や矛、戈といった武器形青銅器が続々と見つかった。その数じつに 15 本。同時期の吉野ヶ里遺跡墳丘墓（佐賀県）や吉武高木遺跡（福岡市）に匹敵する量である。しかも、調査された墓はみな青銅器を所持しており、1 基で複数持つものさえあった。

普通、青銅器などの豪華な副葬品は甕棺墓から出土する。しかし、宗像地方はこの墓制が及んでいない「非先進地」。そんな想定外の地にも、大きな勢力が根を張っていたことが確実になったのだ。「宗像」は記紀成立以前、「胸形」「胸肩」あるいは「胸方」などとも表記されたから、ここに「胸形国」とでも呼べるクニを想定してもいい（西谷 2013）。

　宗像三女神を奉じる古代宗像氏が沖ノ島の国家祭祀を主宰したのはよく知られるところ。田心姫神、湍津姫神、市杵島姫神の3柱の女神は「海北道中」、すなわち玄界灘の航行安全を担う海の守護神で、宗像氏もまた外洋航海にたけた海人族であった。かつて金関丈夫は彼らを「胸に鱗形の入墨をした海部の子孫」とみた（金関 2006）。なるほど、倭人伝は「黥面文身」と、倭人の入れ墨習俗を書き留めている。おそらく戦国武将、北条氏の家紋「三つ鱗」のようなものだろう。それらを身体に彫り込んで、爬虫類や魚類と同類視してもらおうというのか。とにかく、これで大魚や水鳥の害を振り払うというのだから、蛟竜の害を避ける南方習俗、さらには竜蛇信仰ともかかわっているに違いない。ちなみに、三女神の一人、市杵島姫神を竜神と同一視する信仰もあるそうだ。

　課題はある。古墳時代になると宗像地方には新原・奴山古墳群をはじめたくさんの古墳が築かれ、宗像氏は繁栄を迎えるが、田熊石畑遺跡の時期からそこに至るまでに長い空白期がある。弥生中期中ごろから後期の遺跡が今なお乏しいのだ。田熊石畑遺跡の勢力がのちの倭人伝のクニにつながっていくのかどうか、これからの発見に期待したい。

　ところで、気になるクニがある。「斯馬国」だ。倭人伝に名前だけしか記されていない旁国21国の最初に出てくる。ご多分に漏れ

ず、ここもまた場所は確定していないが、これを博多湾の西、福岡県糸島半島北部の旧志摩町（現在の糸島市の一部）に比定する動きが目立つ。糸島半島といえば伊都国、というのが定説だったはずだけれど。

かつて旧志摩町の一の町遺跡で、弥生中期後半の巨大な掘立柱建物が複数見つかった。糸島半島周辺を伊都国の故地として、この遺跡も伊都国内の衛星集落とみるのが当然と思いきや、異論がある。糸島半島の北には伊都国と別のクニ、斯馬国があって、一の町遺跡はその拠点の一角ではないか、というのだ。かつて今津湾と加布里湾の間には半島と平野部とを南北に区切る細い水路があったともいうので、これが両国の境だったのだろうか。

歴史をひもとけば、もともと糸島地域には、律令期に南の怡土郡と北の嶋（志麻）郡が置かれていた。旧志摩町の名はその名残で、時代を超えてシマの音は通じるし、新井白石らも斯馬国をここに考えている。もっとも邪馬台国近畿説では、三重県の志摩半島付近にあてる説が多いようだが、いずれにしろ、斯馬と志摩（嶋、志麻）、この音韻の酷似は捨てがたい。ただ、いずれもそれ以外、これといった根拠に乏しかった。

仮に斯馬国が九州にあったとしても、倭人伝が記録する道のりは、末盧国→伊都国→奴国と、ほぼ西から東へ順を追っている。末盧国が佐賀県唐津市付近、伊都国が糸島地方、奴国が福岡平野というのが定説だから、詳しい記述があってそれを裏付ける重要遺跡も多い伊都国を押しのけてまで、斯馬国が割り込む余地はなさそうに思える。

ところが近年、旧志摩町地域では考古学的な発見が相次ぐ。一の町遺跡に先立つ中期前半の久米遺跡では甕棺墓から細形銅剣や銅戈

が出土し、長期間にわたる有力集団の存在がわかってきた。これらが伊都国の関連でなければ、何なのか。前述のように、弥生時代のクニの範囲が律令期の1〜2郡ぐらいの大きさだったとすれば、怡土郡と嶋（志麻）郡が並立したように、糸島半島周辺に伊都国と斯馬国が併存していても無理ではない（西谷 2009）。

斯馬国の勢力がのちの嶋郡の郡司層までつながっていくと考えていいなら、あとは一の町遺跡以降の、豊富な副葬品を持つ「王墓」の発見を待つだけだ。しかし、強大な伊都国が隣接するだけに、どれほどの独立性を保てたか。伊都国に置かれた一大率が斯馬国を支配、あるいは官を兼任したのではとの見方もあり（瓜生 2012）、独立勢力としての存在は断言できない。

ところで、「斯馬国＝旧志摩町」説の根拠になっている興味深い中国史料がある。太宰府天満宮（福岡県太宰府市）に残る国宝の『翰苑』だ。原本は散逸したが、平安時代の日本で写されて、生まれ故郷の中国にもない「天下の孤本」として知られる。そのなかに、倭人伝にない、こんな不思議な一節が出てくる。

「邪届伊都、傍連斯馬」

読み方には諸説あるが、交通史が専門で邪馬台国九州説の丸山雍成さんは「邪」を「ななめは」と読み、末盧国を出てななめに進むと伊都国があり、そのそばに斯馬が連なり、両者は隣接している、と解釈した（丸山 2009）。要するに、斯馬国が伊都国の近くにあるとすれば、やはり糸島半島北部しかないというのだ。『日本書紀』や『誓願寺盂蘭盆一品経縁起』には斯摩宿禰とか嶋県主といった人物がみえる。彼らは、弥生時代の斯馬国勢力の末裔なのだろうか。

基本史料である倭人伝上では、詳細な記録ではっきりと場所を特定できる伊都国に対し、斯馬国は名前だけの、あくまでも「旁国」

に過ぎない。違いは歴然である。この扱いの差が何に起因するか。斯馬国説が仮説から抜け出して広く賛同を得るには、この根本的な謎を解き明かすしかなさそうだ。

8. 狗奴国ってどこだ？

　女王卑弥呼が率いる邪馬台国連合と対等に渡り合った大国があった。その名は狗奴国(くなこく)。男の王が支配したと倭人伝は記すが、所在地も不明ならば、実態もわからない。邪馬台国以上に厚いベールに覆われたこのクニをめぐり、議論は百出する。

　狗奴国。文字からしてイカつくて、なんだか強そうだ。倭人伝によれば、卑弥呼は狗奴国の男王ともとから不和だったようで、両者は戦闘状態だったという。彼女の使いがその様子を中国側に報告している。卑弥呼が中国に泣きついたくらいだから、相当な戦力を有していたのだろう。

　倭人伝30国のなかでも、王の存在を記すのは、倭の女王卑弥呼、代々続いたという伊都国王、そして狗奴国が戴く男王だけ。当時「王」は中国の認可なしに勝手に称することはできなかったとの見解に従えば（仁藤2004）、王を名乗れたのは他のクニグニを凌駕する力を持ち、中国に朝貢できる存在だけであった。狗奴国はよほどの領域を持つ、邪馬台国連合と肩を並べる大国だったことになる。その国を統べた男王の名は卑弥弓呼、それを補佐する立場だろうか、「官」に狗古智卑狗がいた。両国のトップはライバル関係にあったわけだが、卑弥呼のあとを継いだ男王こそ狗奴国の王だとの見方もあって（森2010）、その実態は五里霧中だ。

　では、狗奴国はどこにあったか。邪馬台国の所在とも密接にリン

クするだけに、諸説紛々。代表格が南九州説だろう。もし女王国が北部九州で狗奴国がその南にあったとするならば、熊本県北部の菊池川流域、あるいはさらに南下して「熊襲」と音通する内陸部の、球磨地方から鹿児島県にまたがる地域ではないか、という。狗古智卑狗（ククチヒコ？）の音が菊池地方と通じるのは古くから指摘されるところだし、伝統的な説だけに依然、支持は根強い。

　南九州といえば、のちの律令時代さえ中央政権が手を焼いた「まつろわぬ民」の巣窟として、中央から目の敵にされていた勇猛果敢な土地柄だ。海外事情にも通じた聡明な女王、かたや山深い奥地に独立王国を築いた荒れ狂う男王。そんなドラマチックな南北対立を思い浮かべたいところだけれど、もちろん、そう単純ではない。

　古代史家の水野祐さんはかつて、南九州の狗奴国が北の女王国を滅ぼして九州を統一後、大和を併合、難波に遷都して仁徳王朝を打ち立てたとする衝撃的な説を唱えた（水野 1994）。いわば、狗奴国東遷説である。もし、そうだとすれば我々のいまは狗奴国に源泉を発することになるわけだが、さすがに問題も多い。ただ、倭人伝の風俗記事が南方的な雰囲気を漂わせていることは確かだし、それは民族学からも強く支持されるところだ（大林 1977）。一概に無視できない。

　実際、考古学的な成果を眺めても、南九州が北部九州とかなり趣を異にするのは事実である。弥生後期の南九州には免田式と呼ばれるそろばん玉のような形をした独特の重弧文土器が分布し、狗奴国と関係するのではないか、ともいう。それに熊本は、意外にも弥生時代の鉄器が多い地域。世界有数のカルデラ盆地で有名な阿蘇地方では豊富な鉄製品が出土している。鉄資源を海外に頼っていたこの時期、なぜ先進文化の流入路である海岸部から遠い九州島の中央部

に鉄器が集中するのか、なんだか謎めいているけれど、それは後述しよう。

ひとくちに南九州といっても、対象地域は広大だ。熊本県域さえ南北で環境はまったく異なり、とてもひとくくりにはできない。まして鹿児島県や宮崎県まで広げるならば、なおさらだ。球磨地方からえびの盆地に至る内陸部もあれば、東シナ海に面した西海岸もある。古墳時代の地下式板石積石室墓という土着の墓制に関連づけてか、川内川北岸から八代に至る不知火海沿岸部に狗奴国を想定する説さえあって、とても一枚岩ではない。

仮に邪馬台国九州説に立ち、北部九州にたくさんのクニグニがひしめきあっていたとすると、狗奴国だけで南九州をカバーするには、いかにも広すぎる。未知のクニグニがその版図に含まれていたのか、それとも女王国連合のように、狗奴国もまた南九州の複数のクニグニで成り立つ連合体だったのか。あるいは、卑弥呼の王権に与しなかった地域を呼ぶ便宜的な一般名詞に過ぎなかったのか。

さて、狗奴国の比定には南九州説のほかに、四国、紀伊半島の熊野地方、いまの群馬県から栃木県あたる古代毛野地方、そして濃尾平野説などがある。さらに、濃尾平野から、近ごろ大量の鉄器が発見されている日本海側沿岸部を含めた地域とか、伊勢湾周辺部から関東まで含む広域首長連合といった広範囲にまたがる見方までいろいろだ。

たとえば毛野国、つまり現在の北関東説。なるほど、地名の音通はもとより、柴崎蟹沢古墳（群馬県）で出土した正始元年銘を持つ三角縁神獣鏡も根拠になっている。近年の桜井茶臼山古墳（奈良県）の再調査で、この鏡と同笵のかけらが見つかって話題となった。正始元年は言うまでもなく、建中校尉の梯儁らが倭国に派遣さ

れ、卑弥呼の使いが帰国したであろう記念すべき年。つまり、そんな重要な鏡を手に入れられるだけの勢力、それこそが狗奴国ではないかというわけだ（西谷 2009）。こうなると、邪馬台国論争は日本列島全域に及ぶ壮大なスケールを有することになる。

　頭ひとつ抜け出た感があるのは、近年力を増している濃尾平野説だろう。邪馬台国近畿説からも支持を得ている。簡単にいえば、2世紀中ごろに伊勢湾沿岸の勢力がまとまって狗奴国の原形になり、それを中心に東日本が狗奴国連合を形成した、ということになるだろうか（赤塚 2009）。

　一説に、2世紀は天候不順や地震などが長期的に続く不穏な時代で、その危機感が濃尾平野で技術革新を生み、それが拡散して東日本の諸地域に受け入れられていった。そして、大和政権の誕生にもかなりのウエートで濃尾勢力が参画した——。そんなシナリオも描かれているようで、S字状口縁台付甕の分布や東海地方に多い古い前方後方形墳丘墓あるいは前方後方墳は、その象徴だという。西の邪馬台国連合と東の狗奴国連合が合体して大和政権が成立したとの立場もある一方で（白石 2013）、両者は銅鐸圏という同一の宗教ブロックに収まるため対立関係にあったとは言いがたいとの反論もあって、なかなか難しい。邪馬台国九州説からは、狗奴国を熊本県内の複数勢力の連合体とみて、菊池川流域を最前線に、生産・交易ネットワークで結ばれた「大狗奴国」を想定する意見もある（佐古 2012）。

　それに、濃尾平野説も北関東説も、邪馬台国近畿説を前提とした話。狗奴国のみで立論できるほど資料が豊かにあるわけではないので、邪馬台国がどう転ぶかで状況は大きく変わり、隔靴掻痒の感は否めない。

では、民俗学や文化人類学、神話学といった視点から、狗奴国に迫る切り口はみえてこないだろうか。

　狗奴国の「狗」とは犬、あまり印象のよい文字ではない。だが、日向神話では、皇室の祖先となる山幸彦に忠誠を誓った兄の海幸彦は隼人の祖先になった。そんなつながりで、隼人は天皇家のために歌舞を披露し、邪を払うために要所要所で犬吠えをしたという。民俗学者の谷川健一さんは、もともと隼人は犬を祖先とする伝承を持っていたのではないかとみた。似た話は南西諸島や中国福建省などにもあって、日向神話は南方世界とつながっているようだ。民族学者の大林太良さんによると、さらには東南アジアにもあり、黒潮の流れに乗って拡散していった可能性も指摘されている。

　とすれば、狗奴国には濃厚な潮の香りが漂う。閉鎖的どころか、世界を結ぶ海に開かれ、盛んな対外活動さえ彷彿でき、当時、魏と敵対した江南の呉と手を結んでいたのでは、との説もあながち絵空事には聞こえない。そういえば、熊本県球磨地方にある才園古墳出土の豪華な鍍金を施した神獣鏡は呉鏡ともいわれる。倭人伝は魏を軸にした記録だけに、なんとなく狗奴国をはるか遠い正体不明のクニのように感じさせるけれど、私たちは知らず知らずのうちに偏った視点にとらわれているのかもしれない。

　厚いベールに閉ざされた狗奴国。卑弥呼を悩ますほどの強国にもかかわらず、なぜか言及されることは少なく、それが狗奴国のイメージを独り歩きさせてきたのではないか。その実態を正確に把握するにはさまざまな視座からのアプローチが不可欠だし、狗奴国から逆に邪馬台国への照射が可能になれば、あるいは……とも思うのだけれど。

9. 西から東へ──「東遷説」の現在──

　神武東征の亡霊──。邪馬台国東遷説には、そんな表現が常につきまとう。毀誉褒貶のある東遷説だが、それゆえに多くの古代史ファンがこの蠱惑的な蜜の味のとりこになった。それを詳しく扱うには紙面がいくらあっても足りないし、複雑な歴史的経緯やイデオロギーが絡む問題なのも十分承知しているけれど、思い切って建設的な観点から取り上げることにしよう。

　邪馬台国の所在地論争には、九州説と近畿説の対立に加えて、その折衷案ともいえる「東遷説」がある。邪馬台国が九州から近畿に移動したとみるわけだが、ひとくちに東遷といっても内容は十人十色だ。かつて皇国史観に結びついた神武東征伝説と重なるために今なおタブー視される傾向がある一方で、新たな視点で東遷を評価し、再構築しようとの動きも出ている。

　弥生時代に栄えた北部九州。続く古墳時代の中心は近畿地方。それで異論はない。すなわち単純に眺めれば、2世紀後半から3世紀前半の卑弥呼の時代を境に、日本列島の重心がいきなり西から東へ飛ぶようにみえる。ならば、北部九州の勢力が大和に移動したからではないのか。そんな考えが出てくるのは自然の成り行きである。

　実際、東遷説の歴史は古い。科学的思考の印象が強い津田左右吉でさえ神武東征伝承と東遷説を否定してはいなかった（千田 2011）。哲学者の和辻哲郎もその一人だ。古代史に造詣が深く、弥生時代の日本列島に、九州の銅矛・銅剣文化圏と近畿の銅鐸文化圏の対峙を設定したことで知られる。和辻は、大和朝廷の祭祀や文化に近畿的な銅鐸文化の名残はなく、むしろ九州的な玉や剣、鏡が皇

室のシンボルになっていると喝破して、九州勢力の近畿への移動を提唱した。東遷説のはしりである。九州帝国大学の病理学者だった中山平次郎や、その弟子を自任した原田大六もまた、近畿の古代文化は北部九州の鏡・剣・玉の重視を反映しているとして、やはり東遷説を説いた。

この、日本列島広域に及ぶ気宇壮大な仮説は、今も多くの人々の心をつかむ。なかでも、反アカデミズムを掲げる在野の研究者や市井のアマチュア歴史愛好家らを魅了し、人気は根強い。その根底には、伝承は史実を反映しており、皇国史観の亡霊として葬り去るべきでなく、記紀神話を積極的に議論の俎上にのせていくべきだ、との主張があるように思う。古代史家、奥野正男さんはかつて、朝鮮半島から九州、そして大和へと拡散していく神話伝承の流れに東遷説を重ね合わせ、膠着した大和中心主義を批判した（奥野 1990・1994）。

しかし、東遷説にアカデミズムは冷ややかだった。そこには学問的な方法論だけに収まらない要因もあるのだろう。そもそも東遷説へのアレルギーは、それが日向から大和に向かった神武東征伝説の延長とみなされてきたことにある。記紀神話が政治に利用された苦い過去の経験から学界のトラウマは大きく、その反動で戦後のアカデミズムが意識するしないにかかわらず等閑視してきたのは確かだ。先の大戦の記憶が薄れゆくなか、東遷説を皇国史観復活の兆しとして警戒する研究者は少なくない。ただ、そのなかで取りこぼされてきた重要事項も多いのでは、と感じる人々も少なからずいる。東遷説にアプローチすることは、学界のみならず、かつてのゆがんだ歴史観の葛藤をそれぞれの研究者がどのように処理し、昇華し、折り合いをつけていくか、という属人的な問題でもあるのだ。

ところで、邪馬台国近畿説が東遷説へ向けた最大の反駁材料は、王権が移動したのなら土器などたくさんの遺物が西から東へ動かなくてはならないのに、そんな痕跡は考古学上認められない、という点にあるだろう（西谷 2011b）。確かに、邪馬台国の候補、奈良の纒向遺跡で見つかる北部九州系の土器はごくわずか。対照的に、福岡市の西新町(にしじんまち)遺跡では大量の近畿系土器が出土し、北部九州に庄内式などが大量に流入する状況が看取される。土器の流れからみれば近畿の求心力と浸透力は圧倒的と言わざるを得ない。

　ただ、土器の動きがとりわけ重視されるのは土器編年が研究の柱になっている日本考古学の特殊事情で、それのみをもって過大評価するのはいかがなものか、との声もある。考古学的事実はもちろんだけれど、それ以外のさまざまな要素を考慮しなければ不十分、というわけだ。

　たとえば、民族学や神話学の泰斗、大林太良さんは、神話的な装いをとっているからといって歴史的な事実でないとはいえない、といった。東遷があったとすれば、その原動力のひとつに人間的不和を挙げ、記紀神話における神武と兄たちとの関係から要因を読み解こうとした。『三国史記』にみえる朱蒙とその息子たち、類利、沸流、温祚らとの関係にも類似するように、兄弟の不和に端を発する集団移動の例は世界各地の神話に散見される。それが、いわゆるプッシュ要因として働いていたのではないか、というのだ（大林 1994）。これが邪馬台国東遷の可否にまで敷衍できるかどうかはともかく、傾聴すべきだろう。

　宗教学的に眺めれば、東へ向かうという指向性に、日が昇る地、つまり太陽信仰が関係しているとの指摘はよく聞くところ。神武が「日向」と呼ばれた地から東征に出発したのには相応の意味がある

はずだ。14世紀には神武を古代呉の泰伯（太伯）の子孫とみなす論議があったらしいし、そこに呉越文化との共通性を見いだす意見もある（福永 1996）。とすれば、神武の道のりに、西の中国大陸から東の日本列島へと、海を越えたはるかな系譜をたどらせることも可能になってくるわけだけれど、さて、どうだろうか。

　かつては異端視された東遷説。裏を返せば、その実証の困難さはいくつもの切り口を含むがゆえ、ということでもある。東遷説にはそんな無限の可能性と引き換えに、素材の難しさ、手に負えなさが横たわっている。それでも近年、程度の差はあれ、学界からの再評価が目立つようだ。たとえば、倭人伝のクニの多くを有明海に面する筑紫平野にあてた森浩一さんは、北部九州勢力が紀元250年代に東遷したとし、そのお膳立てをしたのが倭人伝に登場する、かの張政だったのではないかと主張した（森 2010）。

　そこまで思い切らなくても、王権の中枢が永続性を保ちながら移動したかどうかとはともかく、さまざまな要因が西から東へ向かったのは事実とみる人は少なくない。邪馬台国の存続期間はわからないけれど、前半を九州、後半を近畿とする考えも成り立つだろうし、そこに何らかの形で「移動」がともなっていてもおかしくはない。従来のイデオロギー的要素を切り離し、客観的かつ実証的視野に立ったうえで、九州の弥生文化的要素が古墳文化の基盤を構成したとの大まかな枠組みは、最近では柳田康雄さんや寺沢薫さんらに受け継がれているように思える（柳田 2013、寺沢 2000）。ここでの主役は邪馬台国というより伊都国なのだが、政治、社会、文化要素の東漸という図式は変わらない。当然そこには、葬送思想などソフト面の伝播も付随したことだろう。

　これらの考え方は、前方後円墳出現の契機において、突出した個

人の関与や大和勢力の主導を否定し、いわば対外的緊張に対処する集団的保障体制を担保する象徴として古墳をとらえ、その最初の造営地に西日本諸勢力の背後と東日本との接触点である奈良盆地が選ばれたとする見解（北條 2000）と一脈通じるように思う。

では、その動きを主導したのは誰か、動機は何か、ということになるが、これがまた百家争鳴。九州勢力の自発性を重くみる意見もあれば、背景に吉備の楯築墳丘墓の被葬者一族など第三者の関与を肯定する見方もある。倭国の安定を期待する魏の思惑と、その派遣官たる張政らの暗躍を想定する、先の森浩一さんのような大胆な説もおもしろいし、『旧唐書』や『新唐書』などの記述を手がかりに、九州の「倭国」すなわち邪馬台国が大和の「日本」を併合したのだ、と説く谷川健一さんの意見も興味深い。安本美典さんのように、近畿と九州の地名の奇妙な一致を東遷の傍証にする立場もある。狗奴国の東漸を説いた水野祐さんの王朝交代論もまた、戦後の東遷説のバリエーションのひとつといえなくもない。そう考えると、似て非なる言説の乱立を「東遷説」としてひとくくりの概念に押し込めること自体がナンセンスに思えてくる。

壮大かつ大風呂敷なストーリーを描ける東遷説は、確かに魅力的だ。だからこそ、史料批判や比較検証はなされているか、考古資料は十分なのか、議論を尽くす必要がある。そもそも、都が京都から東京へ移ったように、社会構造の転換や政治的変動にともなって首都が移動するのは珍しくないし、時代ごとに有力勢力の支配地が塗り替えられていけば、その中心地はいくらでも移動するものだろう。そんな歴史の自然な理に、人は必要以上の意味をこじつけたがるものらしい。過剰なほどのイデオロギーへの付会、あるいは非難の応酬や感情論だけではない、建設的な議論を期待したいものだ。

第2章　女王の横顔

1. 和風美人か、洋風美女か

　巫女風の衣装をまとう吉永小百合さんが、荘厳な宮殿にたたずんでいる。きっと卑弥呼だ。突然かなたの山が爆発し、炎と煙を噴き上げ始めた。大自然の脅威を凜として受け入れる卑弥呼——。

　2008年公開の映画「まほろしの邪馬台国」の、幻想的なシーンである。神々しくもすがすがしい吉永さんの横顔がまぶしい。卑弥呼は数十年にわたって君臨したのだからもっと老婆でなければ……なんてヤボな突っ込みはおいといても、彼女が吉永さんのような美女だったという根拠はどこにもない。けれど、民衆を「惑わす」（倭人伝）からには、やはり絶世の美女だったと信じたいのが歴史ファンの心情だ。

　佐原真さんは「半分冗談、半分案外真面目な持論」とことわりながら、クニグニの王たちはみな卑弥呼にぞっこんだったが、彼女は自分がそのうちの誰かを選べば世の中が乱れてしまうことを知っていて、だからこそ独身を貫いたのだ、という（佐原 1997）。それは卑弥呼の美貌がなせるわざだったのだろうし、佐原さんの想像もあながち間違っていないのではないかと思えてくる。いったい彼女はどんな風貌だったのか。

　1万年以上の長きにわたる縄文時代は、大陸の先進文化を核とする弥生時代の到来で幕を閉じた。縄文土器と石器、狩猟採集の世界

図15 細長く平坦な顔立ちの金隈人（金隈遺跡）

に新来の技術体系をもたらしたのが海外からの、いわゆる渡来人だ。水田稲作や金属器文化を携えて急速に北部九州を席巻し、のちの倭人伝のクニグニの"建国"にも関与したとみられる。その出自を証明する資料は必ずしも十分とは言いがたいが、彼らの故郷が朝鮮半島、上陸地が玄界灘沿岸部だったことは今や異論がない。在来の先住者は彼らと接触したとき、おそらく大いに戸惑ったことだろう。それほど彼らの姿形は、自分たちと違っていた。

　北部九州の甕棺や山口県響灘沿岸部の砂浜で見つかる弥生時代の骨から、縄文時代以来の在来人と渡来人との顔つきはまったく違うことがわかっている。一言でいえば、在来人は四角くて彫りの深いソース顔、渡来人は面長でのっぺりしたしょうゆ顔。前者はがっしり体形、後者はすらりと背も高い。やがて渡来人は在来人と混血し、その形質が西日本に広がっていくとの見方は、動かぬ定説となった。

　現代日本人の成り立ちについては、明治期以来の長い議論がある。その黎明期は先史時代人をアイヌやコロボックルと関連づける、現代からみれば問題の多い内容だったが、それが当時の社会情勢とも多分に結びついていたのはやむを得ない。日本民族の永続性と神話を肯定する以上、そこには特定民族の画一化と排他的指向および人種交代的な論理が不可欠であった。

もっとも、アイヌや沖縄の人々を含めて列島内の構成集団を異人種に分けてとらえるのはシーボルトやモース、ベルツらもそうだったし、かつてアイヌにコーカソイド説が唱えられたほど日本人は多様性に富んでいるのだから無理もない。割合の多寡はともかく、少なくとも、異なる集団間のせめぎ合いの結果、いまの日本人が形づくられたとの大枠は昔から存在したのだ。

　現在の渡来説とは似て非なるものながら、科学的な混血説の骨子は清野謙次に萌芽をみる。以来、変遷を繰り返しながらも、土井ヶ浜遺跡（山口県）や三津永田遺跡（佐賀県）の実証的観察をもとに構築された金関丈夫の仮説へとつながっていき、やがて埴原和郎さんによる壮大な「二重構造モデル」として結実した。特に、甕棺葬によって弥生人骨の遺存にめぐまれた九州では、縄文人的な面影を強く残す西北九州型、渡来人的な山口・北部九州型、そして縄文人的かつ小柄な南九州・離島型の３タイプに分けることも可能だ（松下 1994）。

　では、その渡来規模はどのくらいだったか。埴原さんはかつて、渡来人の影響は無視できる程度のものではないことを知ってもらいたいとの意図のもとに、1000年間で百万人単位の移住も想定可能としたが（埴原 1995）、これにはさまざまな批判が出た。その代表が、列島上陸以後の渡来人の自然増加率はきわめて高かったと推測する説だ。形質人類学の中橋孝博さんは隈・西小田遺跡（福岡県）の甕棺墓群の時間的推移をもとに、農耕民の高い生産性と人口増加率を考えれば数百年で在来人の数を逆転することは十分に可能で、それほど大量移住を設定しなくてもよい、とシミュレーションした（中橋 2005）。ならばそこには人口増加とともに、外来文化の急激な増殖と浸透も想定できるだろう。

もちろん、あっという間に日本列島を塗り替えたとするドラスティックな渡来文化の波及仮説に対して、過剰評価だとの反論も根強い。外来文化に対する縄文人の積極的な選択性を評価する向きもあるし（下條 2002）、むしろ現在では、縄文以来の文化要素はかなり引き継がれたとみる立場が主流になった感もある（金関・大阪府立弥生文化博物館編 1995）。だが、これに対する疑義も提示されており（片岡 2006）、なかなか甲乙つけがたい。長年にわたった人類学上の「小進化説」と「渡来混血説」との論争を、考古学上でみる思いである。

　確かに、渡来人が先進文化を武器に、どんどん在来人を駆逐していった様相はうかがえないようだ。在来人が異文化を積極的に採り入れたとしてもおかしくないし、生業が稲作一辺倒になったわけでもあるまい。狩猟やドングリ採集も継続したはずだし、実際、米の生産量が一気に社会を変革するほど高かったとはいえないかもしれない（広瀬 1997）。また、弥生時代初期、新町遺跡（福岡県）や大友遺跡（佐賀県）など朝鮮半島由来の支石墓に葬られていたのは、どうしたわけか縄文的な骨格の人々だった。近畿でも新方遺跡（兵庫県）の弥生前期人骨は縄文人に似ているという。

　つまり、在来人と渡来人の主導権争いや激しい対立を想定するよりも、渡来人は閉鎖的なコロニーをつくることなく在地集団に溶け込んで婚姻関係を結んでいったとみた方がよさそうだ。諸岡遺跡（福岡県）や土生遺跡（佐賀県）などを通して朝鮮系の無文土器から擬無文土器への変遷過程をたどれば、両集団が融合していった傾向を読み取ることができる。概略的に眺めれば、農耕技術を持った渡来人と在来人の交配は縄文文化を基盤に急速な文化変容を生み、これを可能にしたものこそ、それまで培われてきた不断の文化的蓄

積だった（宮本 2009）、そんなあたりに落ち着けるのではないか。朝鮮半島との縄文時代以来の人々の往来を踏まえれば、北部九州には異文化を受け入れるだけの素地がすでにあってもおかしくない。

ただ、海の向こうの先進文化が弥生時代幕開けの起爆剤であり、主役であったことに変わりはない。当然、その担い手である渡来人たちを軽視するわけにはいかない。在来人と混血していったとしても、弥生時代中期には北部九

図16　安田靫彦「卑弥呼」1968年（滋賀県立近代美術館蔵）

州の甕棺地帯はほとんど渡来系の形質に塗り替えられたことが発掘で判明している。そうである以上、卑弥呼の君臨した地が北部九州であっても近畿であっても、少なくとも西日本であれば、彼女の容貌に渡来人的な要素が投影されていてもよさそうだ。扁平、面長、切れ長の瓜実顔を思い浮かべても、そう違和感はないだろう。

さて、吉永小百合さんがソース顔かしょうゆ顔かの判断は割れそうだけれど、1974年の映画「卑弥呼」でタイトルロールを演じた岩下志麻さんなら、まず大方の印象は渡来系か。そういえば、安田靫彦画伯の卑弥呼像もさわやかな日本美人だった。縄文的な濃い顔つきでは、神秘性を醸し出すのにいまひとつ、ということなのかもしれない。

2. 男装の麗人

　卑弥呼は女王である。女王だから、きっと衣装もゴージャスだったに違いない。といっても、はるか1800年も昔、写真もなければ肖像画もない時代。彼女のファッションに迫れるだけの手がかりはあるのだろうか。

　卑弥呼はたびたび絵の画題になってきた。彼女をモチーフにした人形や銅像もたくさんある。豪華な冠をかぶって威厳をたたえた年配らしき女性もあれば、キュートな美少女系も。グラマラスなのもあれば、清楚な日本美人も。「鬼道」を操る妖婦というより、まるで天女を思わせる涼やかな造形も見かける。卑弥呼がまとうミステリアスでフレキシブルなイメージが、芸術家たちの創作意欲をかきたてるのだろう。

　そもそも弥生時代のご婦人方は、どんな衣服で身を包んでいたのか。倭人伝は庶民の服装について、人々は単衣のような着物をつくり、中央に穴を開けて頭を突っ込んで着ている、と記す。いわゆる貫頭衣で、ポンチョ、あるいはワンピースを腰

図17　鏡をかかげる卑弥呼（大阪府立弥生文化博物館）

図 18 JR 神埼駅前の卑弥呼像

で束ねたようなものと思えばいい。

　一方で倭人伝は、倭国が中国に「倭錦」や「絳青縑」を奉ったことを伝える。「禾稲・苧麻を種え、蚕桑緝績し、細紵・縑緜を出だす」などとあるから、絹製品が倭国で生産されていたとみるのが自然だ。事実、北部九州の弥生遺跡からは絹が見つかる。甕棺に埋葬された遺体や副葬品に絹の断片がくっついていることも少なくない。こんな例は全国でもこの地域に特有で、邪馬台国九州説の根拠のひとつになっているほどだ。

　なかでも吉野ヶ里遺跡は、いろんな絹製品が集中することで知られる。倭人伝は服を縫いつけることはないというけれど、ここからは縫い目を残す布が出土した。各地で骨やウニのとげを使った縫い針が見つかっているから、弥生時代に縫製技術があったのは間違いなさそうだ（竹内 1985）。また、貝紫や日本茜で染めた絹もあっ

た。となれば、織り方やデザイン、色彩感は意外とバラエティ豊かで、衣服が身分を示す役割さえ担っていたとしても不自然ではあるまい（高倉 1991）。少なくとも、上層階級の人々は大陸の流行をめざとく採り入れたファッショナブルないでたちで吉野ヶ里の街角を闊歩していた、などと空想したくなる。

　吉野ヶ里遺跡出土の絹は楽浪郡系統の三眠蚕と呼ばれる種類で、その多くが楽浪からの伝来だったようだ（布目 1995）。ところがそれらは、織りの密度において中国の技術と異なる独自の技がみられ、日本の養蚕の古さは中国に次ぐとともに、絹文化の水準も高かったという（布目 1985）。

　では、この養蚕がどのようにもたらされたか、が気になる。そもそも養蚕技術は、中国にとって門外不出の秘伝だったはず。それは、玄奘三蔵が『大唐西域記』に書き残し、オーレル・スタインがタクラマカン砂漠に没したダンダン・ウィリクから発見した板絵で有名な、ホータンの蚕種西漸説話からもうかがわれるし、地中海世界や西方の国々もまた、シルクの輝きの秘密を知りたがった。なのに、すでに紀元前の東方の島国に、その技術がもたらされていたというのだから不思議なことだ。国家的な規制の間隙を縫っての伝播なのか、それとも、倭人が楽浪郡と盛んに交流するなかで独自に手に入れたものなのだろうか。

　さて、こんな豊富な絹製品の発見は、卑弥呼が身を包んだ高価なシルクの衣装を想像させるのに十分だ。彼女は魏の皇帝から「紺地句文錦」などを贈られていたのだから、舶来の織物類で身を飾ることもあっただろう。そこで武田佐知子さんは大胆な仮説を提示する。卑弥呼は男性用の服を着ていたというのだ。意外かもしれないが、こういうことだ。

武田さんは、中国史料の類例を抜き出し、魏から「親魏倭王」の称号が贈られるにあたって、卑弥呼は服装ももらったはずで、それこそ邪馬台国が中国王朝の傘下に組み込まれたことを示す中国風の正装だった、と考える。そしてそれは、男性用の服だったという。なぜなら、儒教思想の強い中国で、女王は想定されていないからだ。ひょっとしたら、倭国は中国との軋轢を避けるために、自分の国が女王を戴いているという事実を隠していたのではないか。ならば、中国側が用意したのは当然、男性用の服だったはず、というわけだ（武田 2000）。

確かに、飛鳥時代から律令期に数々の女帝が輩出した日本に比べて、中国の歴代王朝で思い当たるのは唐の則天武后ぐらい。後漢に反旗を翻したベトナムの徴姉妹を光武帝は許さなかったし、百済と高句麗の侵攻に苦しむ新羅の善徳女王が唐に救援を求めたときも、唐は女王を廃すよう新羅に迫った。そんな中国に使いを送るのだから、わざわざ火中の栗を拾うようなことを避けるのはわからなくもないし、たとえば『隋書』倭国伝にみえる推古帝も、どうも男性として認識されていた節がある（なお、この倭王が推古なのか否かについては、ここでは言及しない）。

ところが、倭人伝には女王国とはっきり書かれている。中国側にとってそれが特異な統治形態だったからだろうけれど、武田さんは、女王であることが発覚したのは、親魏倭王が公認され、早ければ詔書や印綬が手渡された直後、遅ければのちの『魏志』の編纂段階になってからではないか、と推測する。とにかく、荘厳な権威で身を固めた「男装の麗人」は中国を後ろ盾にして、あでやかな衣装を身にまとう女王以上に倭国内での卑弥呼の立場を押し上げたに違いない。

さて、この推理はどこまで当たっているか。たとえタイムマシンで邪馬台国に行けたとしても、答えは出そうにない。だって倭人伝がいうには、卑弥呼はほとんど人前に姿を現さなかったのだから。彼女は永遠に、謎多き女性なのだ。

3. 女王様は赤がお好き

　古代人は、とりわけ赤を好んだようだ。土器の表面や墓に赤色顔料を塗ったり、たっぷりとまいたり。鮮やかさはもちろん、神秘的な雰囲気を醸し出し、倭人伝にも赤を愛好する記事が散見される。卑弥呼もきっと、この情熱の色が大好きだったに違いない。

　かつて赤への嗜好は日本列島を広く覆っていた。北部九州では棺内全面に赤く塗布した甕棺がよくみられるし、巨大な楯築墳丘墓（たてつき）（岡山県）の主体部には膨大な赤色顔料が振りまかれていた。吉野ヶ里遺跡で出土した絹が日本茜で染められていたように、きっと着物には植物染料もふんだんに使われたことだろう。纒向遺跡（奈良県）では大量のベニバナ花粉が見つかった。ベニバナの花自体は黄色だけれど、鮮やかな赤を発色する古来の染料だ。藤ノ木古墳（奈良県）では遺体をくるむ布にも付着していて、オシャレのみならず防腐剤や医療品としても使われていたらしい。その指向性は古墳時代を覆い、桜井茶臼山古墳（奈良県）の石室内に塗り込められていた朱の量は、なんと200キロにのぼるそうだ。

　赤を特別視する傾向は世界的に普遍的なようだが、それは最も身近な色のひとつというだけでなく、ときに太陽の象徴であったり、ときに再生を意味する血の色であったりと、呪術的な意味合いが強かったとみられる。だから、縄文時代より今日まで、ハレの日に好

まれる赤漆の木器は人気があるし、弥生時代ともなると、非日常的な祭祀用の丹塗磨研土器はありふれている。銅鏡を磨くのにも使われたようだ。

伊都国の王墓とされる三雲南小路遺跡（福岡県糸島市）の甕棺には朱入りの小壺が副葬されていた。井原鑓溝王墓（同）でも、やはり朱の小壺がそのまま添えられていたと記録にある。そこには、朱を血液や生命とみなした弥生人の、復活への祈りが込められていたのだろう（市毛 1998）。盾などの武具や武器、土器、副葬品にも利用され、柚比本村遺跡（佐賀県）では鮮やかな銅剣の鞘が知られる。とにかく、古代人にとって赤は特別な色だったのである。

さて、赤色顔料には大きく分けてベンガラと朱、鉛丹があった。鉛丹は四酸化三鉛で、使われ始めたのは仏教美術からなので、ここではベンガラと朱に限って話を進めよう。弥生後期の北部九州には両者を明確に使い分ける習俗が存在したという（本田 1996）。

ベンガラは鉄が酸化して赤く発色したもので、かなりポピュラーだった。鉄細菌に由来するパイプ状粒子を含むタイプと含まないタイプがあって、後者は弥生時代から古墳時代を通した北部九州の特徴だそうだ（志賀 2008）。弥生の北部九州は、かなり独自のベンガラ文化を持っていたようである。

ちなみに、倭人伝は丹を倭の特産物としており、これをベンガラとみる考えもある。近年、弥生時代の熊本県阿蘇地方でベンガラを多く産する状況が明らかになってきた。この付近はベンガラの原料となるリモナイト（褐鉄鉱）を産出し、宮山遺跡や下扇原遺跡、幅・津留遺跡などの住居跡や墓から大量に見つかっている。だから、阿蘇のベンガラこそ倭人伝のいう丹だったとの意見まで見かける。

一方、朱は硫化水銀で、ベンガラより明るく、実に鮮やか。主に辰砂(しんしゃ)という鉱物からつくられ、古代中国の神仙思想では不老不死の仙薬づくりに欠かせないものだった。埋葬時には人体に使われることが多く、遺体の腐敗防止にも期待された。それは同時に権力の象徴にもなったことだろう。ただ、北部九州では甕棺墓葬の衰退とともに、赤色顔料の主流は朱からベンガラへと移り変わっていくという（本田 1988）。

　日本の辰砂の産地は三重県や徳島県などで確認されており、それらは粉状で石英を多く含む。一方、中国の貴州省や湖南省では大きな塊状という違いがある。特に、弥生時代の国際交流の舞台となった北部九州の遺跡では、後者の発見が目立つ。伊都国や奴国の中枢、三雲・井原遺跡群（福岡県）や比恵遺跡（同）出土の辰砂の粒は、その外観からも中国製の可能性が高いというから、まさに海外文化の流入地、玄界灘沿岸部の面目躍如といったところだ。

　さて倭人伝は、倭人が朱を体に塗っていると赤への思い入れを伝え、中国側から卑弥呼へあてた贈り物の目録にも「真珠・鉛丹おのおの五十斤を賜い……」との一節を挿入する。鉛丹はともかく、真珠には諸説あって、一説には朱のこととともいう。中国の皇帝が卑弥呼にわざわざ贈ったというのだから、よほど貴重なものだったに違いない。

　赤色顔料の専門家、本田光子さんによれば、弥生時代の土器には朱を加熱した痕跡があるそうで、仙薬づくりの作業を彷彿させるという。弥生後期にあたるころの中国ではかなり庶民層に浸透していたともいうから、弥生人がそれを知らなかったとは考えにくい。とすれば、なおのこと卑弥呼が関心を示さなかったはずがない。倭人伝にあるように、卑弥呼が中国から朱をもらったのなら、当然それ

は中国産だったはずだ。遺跡から出土する朱の産地がわかれば、邪馬台国所在地論争の手がかりになるかもしれない。期待はふくらむ。

　より細かな成分分析で辰砂の産地を突き止めようという研究も進む。硫黄同位体比分析はそのひとつである。

　硫黄には質量の異なる同位体がある。その比率は産地によって違い、中国産と日本産とでは異なる値を示す。すなわち、太古の昔に海底だった中国の貴州省や湖南省の辰砂鉱石と火山活動にともなう日本産との間には、生成状況の違いに由来した差異が存在するという（南ほか 2004）。これを利用すれば中国産の朱か日本産の朱か区別できそうだ。

　たとえば、前述した三雲・井原遺跡群の粒も硫黄同位体比分析で中国産が裏付けられた（今津・南 2006）。また、弥生後期の北部九州から山陰、丹後にかけての王墓に使われた朱は中国陝西省産の可能性がある一方で、近畿の遺跡では中国産は使われていなかった、との興味深い分析結果も出ている（南 2008）。となると、邪馬台国は中国王朝と深い交流を持っていたわけだから、所在地論争で北部九州説が俄然有利になるのでは、と思いたくなる。けれど、なかにはあいまいな数値を示す例もあるし、最古期の古墳に中国産の朱が使われていないとも限らないので即断できない。また、硫黄同位体比には、複数の産地の朱がブレンドされるとわかりづらくなるという弱点もあるらしい。

　ただ、おおざっぱにみれば弥生終末期を境に、それまでの朱は中国産、古墳時代に入ると日本産へ変化する傾向があるので、古墳時代前夜というエポックに、どんな経済的、政治的変動があったのか、その背景と要因を解き明かす材料のひとつにはなりそうであ

る。顕微鏡観察でオリジナルの粒を探したり、硫黄だけでなく、水銀の同位体比と組み合わせたりしながら、どこまで原産地比定の精度を高めていけるか、今後の展開が楽しみだ。

　それにしても、中国が赤い顔料を卑弥呼にわざわざ贈ったのはなぜだろう。卑弥呼が操る鬼道には神仙思想が投影されているともいう。彼女もまた中国の最高権力者と同様、朱を仙薬に見立て、不老不死や死後の再生を願ったのだろうか。ならば、まだみぬ卑弥呼の墓が将来発掘されたとき、棺のなかには真っ赤な世界が広がっているかもしれない。それは魏の皇帝の贈り物だったのだろうか。

4. 館は中国風か、日本風か

　大勢の侍女にかしずかれ、めったに姿をみせなかったという卑弥呼。彼女はどんな町に住み、どんな家で暮らしていたのだろう。中国風のモダンな最新建築？　それともシンプルな高床建物だろうか。まさか"純和風"の邸宅だったわけではないだろうけれど。

　倭人伝は女王の都について、こう記す。

　「宮室・楼観・城柵をおごそかに設け、いつも人がいて、兵器で守られている」

　どうやら卑弥呼の住まいは、物見櫓のある大がかりな防衛線内にあったらしい。ならば、邪馬台国を見つけるには、こんな構造の遺跡を探せばいい。真っ先に思い浮かぶのは、1989年、彗星のごとく現れた佐賀県の吉野ヶ里遺跡。「邪馬台国が見えてきた」の名台詞で一躍有名になった大規模環濠集落である。昭和初期には学界に報告されていたものの知る人ぞ知る存在だったが、工業用地造成をきっかけに全容が白日の下にさらされた。

第 2 章　女王の横顔　67

図 19　倭人伝を彷彿させる吉野ヶ里遺跡（国営吉野ヶ里歴史公園）

　まるで「城柵」を思わせる環濠。所々に点在する見張り台の跡は「楼観」か。北内郭には「主祭殿」と名づけられた遺構があって、卑弥呼がいた「宮室」はこんな建物だったのかも……。吉野ヶ里遺跡を訪れた人は、誰もがそんな空想をはせる。

　それにしても、幾重もの防御ラインは物々しい。環濠集落は那珂遺跡（福岡市）など弥生早期にはすでに現れ、吉野ヶ里遺跡の初期の環濠も夜臼式期までさかのぼる。階層の分化と社会の複雑化が進み、食糧生産や土木工事において労働力の集約が加速した弥生時代。強力な首長が台頭し、やがて人民を束ねる「王」が出現する。そのプロセスを正確に描き出すのは難しいけれど、拡大する食糧生産を追うように土地開発をめぐって争いが頻発したのは想像に難くない（橋口 1987・2007）。いきおい、人々は自らの財産を敵から守る装置を考案せざるを得なかったはずだ。それが環濠に囲まれた拠

点集落だった。環濠の機能は防御のほかに、結界とか排水とか害獣よけ、あるいはゴミや糞尿の処理機能も併せ持っていたのでは、などと諸説ある。だが、少なくとも、発達した環濠集落は要塞のような外観を備えていたに違いない。

では、それは自然発生的な倭国独自のものだったのだろうか。その出現期に松菊里遺跡や検丹里遺跡といった朝鮮半島の環濠集落の波及が指摘されている。もし、そこにさらに海外の建築思想が付加されていたとしたら、どうだろう。たとえば、直線的な壁で内界と外界が明確に仕切られた、中国大陸の巨大な都城のような。

卑弥呼の都は中国的でなくては——。吉野ヶ里遺跡の発掘に携わってきた七田忠昭さんは、倭の使節は魏と行き来したのだから、その拠点集落も中国らしい都市づくりをめざしたはずだ、と考える。たとえば、吉野ヶ里集落を取り囲む環濠のあちこちに確認できる、外側に向けたいくつもの出っ張り。これらは、古代中国の都城にみられる「甕城」とか「馬面」、「角楼」と呼ばれる防御用のデコボコをまねた工夫ではないか。さらに、北墳丘墓と「主祭殿」、南の「祭壇」が南北線上に一直線に並び、はるか南の延長には雲仙岳の雄姿が望める。ひょっとしたら、祖霊信仰と火の山への信仰が結びついていたのではないか。そこに、唐の長安やそれを規範にした平城京の構造にみられるような、皇帝が北を背にし、南を向いて座る思想が重なったのではないか。つまり、南北を意識した中国風の町並みこそが邪馬台国の有力候補地、というわけだ。

そして七田さんは、吉野ヶ里遺跡の内部構造にも興味深い推論を提示する。卑弥呼がいた都は、彼女が治める倭国の拠点と、倭国の構成国のひとつ邪馬台国の拠点の二つが並立しており、それは北内郭と南内郭を持つ吉野ヶ里の構造に表れている、というのだ（七田

2005)。たとえるなら、霞が関の官庁街と新宿の東京都庁といったところか。

　魏の都を訪れた卑弥呼の使いは、壮麗な中国文明の建造物群を仰いで目を見張ったことだろう。その情報が卑弥呼の都に反映されたとしても不思議ではない。ひょっとしたら、宗廟や社稷、霊星の祠といった古代中国の精神世界が投影されていた可能性さえ、ないとはいえないのだ（金関 2001）。

　ただ、吉野ヶ里遺跡の環濠構造は邪馬台国時代をさかのぼる紀元前から始まる。海外文化の流入路だった玄界灘ならばいざ知らず、有明海の沿岸部に、はるか中国文明の影響ははたして及んでいたのだろうか。

　実は、有明海周縁は吉野ヶ里遺跡をはじめとして古式の青銅器鋳型が散見される土地柄だ。前述のように、のちに金属器やガラスなどの生産工房が出現して一大コンビナートを形成する奴国の中枢部、すなわち福岡平野などにさえほとんどみられないような古い生産施設の痕跡があり、それが謎とされてきた。確かに、二塚山遺跡や三津永田遺跡といった有力層の甕棺墓には漢代の中国鏡が副葬されたし、さらにさかのぼれば、朝鮮半島南部に由来する弥生初頭の支石墓もなぜかここに点在する。そのため、有明海を舞台にした対外交流の存在を認める意見は少なくないのだが、さて、それが集落構造という高度な「都市計画」まで及んでいるのかどうか。別に有明海ルートでなくても、倭国は漢代から中国と交渉を重ねていたのだから、たとえば中国独特の住居様式である整然とした四合院づくりの家々を倭人が知らなかったとは考えられないとの見方もあるほどだし（高倉 1995）、卑弥呼の居宅が国際色豊かな趣をまとっていてもおかしくはないけれど、それを明確に裏付けるものは、いまの

ところ見あたらないようだ。

さて、邪馬台国論争のもうひとつの雄、近畿に目を向けてみよう。2009年秋、奈良の纒向遺跡は歓声でわいた。待望の大型建物の発見である。

南北19メートル余、東西12メートル余。3世紀前半のものとすれば国内最大だという。興味深いのは、その向き。それまでに確認されていた小中規模の建物3棟を合わせると、建物群を貫く主軸が東西方向にそろうのだ。そこが「天子南面」する中国的な造営思想と違うところ。歴史地理学が専門の千田稔さんによれば、この東西軸にこそ日本古来の独自性が潜んでいるといい、日本人の根底に古くからあった、東から昇って西に沈む太陽への信仰が建物群の並びに関係するのではないか、という（奈良県立図書情報館編 2011）。

そういえば、シャーマニズムの巫女だったともいう卑弥呼の名も、日の御子に由来するとの説があるくらいだから、太古からの太陽信仰を彷彿させなくもない。そうでなくとも、弥生時代の農耕生活では、季節の移ろいを告げる太陽の運行が特別視されたはずだ。

もちろん、纒向遺跡に中国的な南北重視の思想があっても不思議ではないし、今後の調査で南北方向に規制された構造物群が見つかるかもしれない。ただ、今回の建物群があえて中国思想を採用せず、東西思想を意識して軸線に反映させたとすれば、そこには何か特別な意味が見え隠れするようにも思える。もしそうなら、中国文化への強い指向性を持つ造営思想の存在という先の吉野ヶ里遺跡の仮説と、まるで正反対ではないか。卑弥呼がめざしたのはどちらだったのだろう。もっとも、纒向遺跡の建物配置のルーツを、吉野ヶ里遺跡を含む北部九州に求める見方もあるから、ひょっとしたら両者はどこかでつながっていたのかもしれない。

第2章 女王の横顔　71

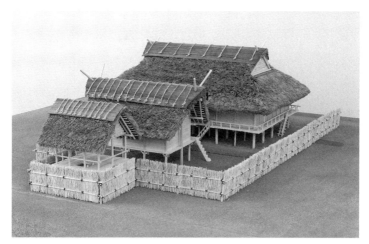

図20　纒向遺跡の建物群の復元模型

　纒向遺跡の発掘に携わった石野博信さんによると、このような方角を意識した配置はなにも纒向遺跡に限らないらしい。また、3世紀の西日本で囲いのある中心区画を持つ例として、吉野ヶ里遺跡や樽味四反地遺跡（愛媛県）、尺度遺跡（大阪府）、伊勢遺跡（滋賀県）などを挙げ、それらには異なる機能を意識した空間配置があったという（石野 2010）。なかでも尺度遺跡には、南北に道路でつながる複数の方形区画が想定されるそうだ。

　拠点集落内に併存する複数の独立区画。なにやら、卑弥呼の祭祀的な空間と、彼女を補佐した男弟の政治的区域という、石野さんのいう複合構造がちらつかないでもない。そこに東西あるいは南北といった規制が絡みついて……さて、卑弥呼の館は南を向いていたのか、それとも東に開いていたのか。

5. 女王は「都市」に住んだのか

倭人伝にある「女王の都するところ」。その都とは、どんな町だったのだろう。田んぼに囲まれたのどかな田舎町？ それとも当時の技術の粋を集めた建造物が並び立つ人工的な景観か。古くて新しい「弥生都市論」の視点から、卑弥呼の都がみえてこないものだろうか。

大陸からの富や文化がいち早く行き交ったであろう福岡平野は、かの奴国が栄えた地。そのまっただ中に、比恵・那珂遺跡群（福岡市）はある。ここで、約1.5キロにわたって南北を貫く直線道路が見つかった。時期は弥生時代終末期から古墳時代初頭、つまり卑弥呼が生きた時代に重なる。幅は広い所で9メートル、両端に側溝もあり、まるで律令時代の官道顔負けの立派さだ（久住 1999）。これを「都市」の構成要素と認めるかどうかはともかく、卑弥呼の時代、すでに効率的に最短距離を指向する意思、いわば「都市計画」によって街区が形成されていたのは確かなようだ。

比恵・那珂遺跡群では、道のほかにも、交易の場になった「市」や運河、倉庫群などが想定されており、特別な弥生集落の、さらに踏み込めば奴国の交易センターとでもいうべき姿が浮かんでくる（久住 2008）。ならば、のちの国際交易都市「博多」の先駆け的存在とみてもいいのではないか。

ところで、日本列島における「都市」の誕生はいつか。この問題をめぐっては、これまで歴史学や考古学の間で多くの議論が闘わされてきた。初期国家形成論に直結するだけに百家争鳴で、ある人は7世紀後半の藤原京をもって成立するといい、ある人はもっと新し

図21 比恵・那珂遺跡群で確認された道路状の遺構

い平城京や平安京こそふさわしいと考える。ある人はもっと古く、古墳時代の5世紀前後にはすでに存在したといい、またある人はその発生を3世紀以前の弥生時代にまでさかのぼらせる。最近は「縄文都市」の文言まで見かけるようになった。都市の定義とは、これほど研究者によって違うものなのだ。

そもそも都市という概念は外来のもの。藤原京のプランに『周礼』の思想が透けてみえるごとく、隋唐代に中国から入ってきたとする意見は強いけれど、吉野ヶ里遺跡（佐賀県）や池上曽根遺跡（大阪府）など相次ぐ大規模環濠集落跡の出現で、その起源をもっとさかのぼらせてもいいのではないかといった論調が加速し、弥生都市論が盛んになった。

それにともない、都市の認定基準や条件をどこに据えるか、との議論がわき起こる。文献史学と考古学は考え方に食い違いをみせ、

考古学内でも、たとえばオリエント世界を引き合いに出して、人口の集中や住み分け、永続性、防御機能、神殿や公共施設の有無などを俯瞰し、パレスチナの金石併用期と弥生前・中期の西日本の様相に類似性を認めることで原都市形成の時代を肯定する立場もあれば（金関 1998a・1998b）、政治・宗教・経済のセンター機能を併せ持つ外部依存社会を重視する立場（都出 1997・1998・2011）、集住の規模と恒久性、居住者の質を指標に据えるべきだとの立場（小澤 2005）、また、社会学の視点を援用して権力の拠点たる弥生環濠集落をそこに重ねようとする立場（広瀬 1998）などなど、それこそさまざまな考え方が提起された。

地理的に海外文化の影響を強く受けてきた北部九州ではどうだろうか。奴国の中枢、須玖遺跡群（福岡県）に都市の萌芽をみる意見がある。都市を、一次産業者の集落が解体され、再編された二次的な大集落とみて、その考古学的に現れた現象を直線的な外郭と方形の溝が交錯する街区の形成にあてようとする立場だ（武末 1998）。まさに奴国内に都市計画が敷かれていたことになり、その機能が隣接する比恵・那珂遺跡群に引き継がれていったとしてもおかしくない。その様相をもっと広範囲に敷衍させ、中期後半以降の玄界灘沿岸部の一部に「都市国家」的な要素を認める意見さえある（久住 2006）。弥生の北部九州には、地中海のポリス国家群さながらの世界が展開していたのだろうか。

近畿に目を移せば、纒向遺跡（奈良県）がその代表格であることに異論はないだろう。3世紀初頭に突如として出現する大集落である。まさに環濠集落の解体を経て新時代の幕開けを告げる新都心のようなもので、ここに日本的特質を備えた列島初の都市の誕生をみる考えは勢いを増しているようだ（寺澤 1998）。前述のように、日

本全国の土器がここに集中することに加え、相次ぐ大型建物の発見と主軸をそろえた人工的な配置は強い計画性を支持するし、鋤の出土割合も高いというから、大規模な土木工事を遂行させるだけの強力な政治勢力の存在を想像させる。

　ちなみに、ここで出土した大量の魚介類の骨にはアジにイワシ、サバなど、傷みの早い青魚が多く含まれるそうだ。それらが内陸部の纒向遺跡に運ばれていた事実は、都市機能に欠かせない流通の発達を証明することにもなるだろう。纒向の地の延長上にある脇本遺跡では銅鐸の破片とスラッグが出ており、聖なる器物を壊して再利用したとの見方もあるようだ。ということは、纒向遺跡の出現に合わせて信仰面でもスクラップ・アンド・ビルドがあったということになるだろうか。支配者の奥津城を示唆する最古級古墳の密集状況と合わせ、もし纒向遺跡がつくられるべくしてつくられた空間だとしたら、定義云々はおいても、それは私たちのイメージする都市像に近づく気がする。

　反論はある。都市の計画性はなにも直線的な規格ばかりではなく、曲線的な配置があってもいい。環濠集落は最たるもので、「都市」の看板は纒向遺跡などの専売特許ではない、というわけだ。倭人伝の「城柵をめぐらし」を環濠ととらえる研究者は少なくないし、その記述をクローズアップさせた吉野ヶ里遺跡の構造はもちろん、同様のスタイルは奈良の唐古・鍵遺跡などにも当てはまる。伝統的な環濠集落こそ卑弥呼の都市だとの主張もあれば、前時代的な環濠が消滅した新時代の居住様式こそ女王の都にふさわしい、との見方もある。なるほど後者の場合、社会が安定すれば防衛機能など不要になるのは、当然といえば当然だ（中村 2002）。

　最新の外観をまとった街並みに都市の登場を読み取る手法は、確

かに間違っていない。けれど、古い建物群が瀟洒な雰囲気を演出する欧州の歴史都市が必ずしも前近代的だとはいえないのと同様、それが都市の成熟度の必須条件にはなりえないし、むしろ強大な勢力ほど旧態依然としているものかもしれない。また、同時期にいろんな形態があってもおかしくはないだろう。規模や機能から先の比恵・那珂遺跡群と纒向遺跡を同列に論じてよいならば（佐々木2007）、両者には共通点もあれば相違点もあるわけで、なにも倭人伝の記述や邪馬台国論争に引きずられて都市景観の最新モードをひとつに限定する必要はない。

　卑弥呼が生きたのは、弥生時代から古墳時代への端境期。彼女が生まれ育った町と「共立」された後の町、そして晩年を過ごした町。その風景はそれぞれ違った顔を持っていたのかもしれない。晩年の彼女の脳裏をよぎった故郷、若き日の記憶に焼きついていた情景は、環濠に囲まれた弥生的な家々だっただろうか。閉じこもった「宮室」の窓からときおり垣間見た外界は、すでに環濠が消えて整然と区画された景色だったのだろうか。

6. 生まれ故郷の風景

　邪馬台国の主役なら、やはり九州と近畿が双璧。しかし、弥生世界の核となる拠点地域はほかにもあった。その代表が弥生時代、個性豊かな地域文化を誇り、5世紀には近畿に匹敵する巨大古墳が築かれた吉備地方（岡山県付近）だろう。その歴史的な重要性はかねがね指摘されてきたけれど、近年、ここを卑弥呼の出身地、あるいは中国と交渉を持った倭国王がいた地とみる説が浮上している。

　女王卑弥呼は邪馬台国に住んだという。ただ、その生まれ故郷ま

で邪馬台国だったとは限らない。倭人伝に彼女の生誕地は記録されていないからだ。

　倭人伝や『後漢書』倭伝によると、「倭国乱」とか「倭国大乱」などと記される戦乱が２世紀後半の日本列島を覆った。その範囲が近畿周辺だけだったのか、瀬戸内や九州を含む西日本全域に広がっていたのかは判然としないが、それを追究することは当時の弥生社会の成熟度を知るうえで大きな意義を持つ。少なくとも、はるか異国の史書にまで刻まれるほどの大規模な戦いが勃発していたのは事実らしい。そして、この混乱の収拾に向け、クニグニが白羽の矢を立てて「共立」したのが卑弥呼という女性だった。反目しながらも疲弊した彼らが妥協を求めた存在ならば、おそらく常人とはどこか異なっていたに違いあるまい。強力な呪力の持ち主だったともいう彼女は、どこで生まれたのか。

　それは吉備だったのではないか――。そんな考えが一部にある。
　２世紀後半の弥生終末期、古代吉備にひとつの巨大な墓が現れた。楯築墳丘墓（岡山県）である。全長約80メートル、円形の丘の両端に突出部を持つ特異な形で、この時期の墓としては全国でも破格の大きさだ。

　岡山地方には桃太郎話のもとになった温羅伝承がある。いにしえの世、温羅という百済の王子が鬼神のごとく吉備に飛んできた。人々に乱暴狼藉を働いたので、朝廷はイサセリヒコノミコトを遣わして温羅を討たせた。このとき防御のための石楯を築いたのが、ここ楯築墳丘墓の山だったというのだ。もちろん伝説に過ぎないけれど、頂上には高さ３〜４メートルほどもあるだろうか、いくつもの巨石が輪を描くようにそびえる。英国ソールズベリにあるストーンヘンジさながらの不思議な雰囲気を漂わせ、まるであの世との交信

図22 巨大な立石がそびえる楯築墳丘墓

装置のようだ。そんな異様な光景が、この墓を温羅伝承に結びつけたのだろうか。

 1970〜80年代、岡山大学を中心に楯築墳丘墓の発掘調査が行われた。その結果、主体部には32キロもの大量の朱が振りまかれた、複雑な構造の木製埋葬施設が検出された。墳丘の形態といい類例のない埋葬施設といい、楯築墳丘墓はどれをとっても尋常ではない。まさに「吉備の王」の貫禄である。

 この調査の過程で奇妙な土器が見つかった。三角文や矢羽のような綾杉文で埋め尽くされた複数の文様帯を持ち、透かし穴を全面に施す特殊器台だ。葬送儀礼に使われたとみられる。これらは弥生後期後半の吉備地方で生まれ、変化を遂げながら円筒埴輪につながっていくらしい。1960年代以来、立坂型から向木見(むこうぎみ)型、宮山型、そして特殊器台形埴輪の都月型へと型式変化が整理され、広く受け入

れられている。近年、中山大塚古墳（奈良県）の調査で宮山型特殊器台と特殊器台形埴輪、円筒埴輪の共存が確認され、それらの大和における成立が提唱されているが、これには検討課題を指摘する声もある（宇垣 2013）。

　いずれにしても、古代吉備地方と近畿の強いつながりは誰もが認めるところ。これらの儀礼色の濃い土器群が最古の巨大前方後円墳、箸墓古墳で確認された事実は、吉備の弥生墳丘墓の要素が近畿に誕生した最初期の古墳に取り込まれていることを雄弁に物語った。言い換えれば、大和政権に代表される古墳文化のルーツのひとつは吉備にあるというわけだ。

　箸墓古墳の年代を3世紀中ごろとし、そのころに没した卑弥呼の墓にあてる研究者は少なくない。弥生の社会構造を追ってきた春成秀爾さんは、特殊壺や特殊器台を介して箸墓と吉備の弥生墳丘墓に強いつながりを認めれば、彼女の出自を楯築墳丘墓のある一帯に求めることも不可能ではない、という。なるほど、足守川が流れる楯築周辺はさまざまな古代遺跡が密集する「吉備王権」揺籃の地だ。夕暮れ時には荘厳な空気に満ち、まさに"王家の谷"の風情である。ここに卑弥呼の一族がいて、彼女が育った宮殿があったなんていわれたら、そうかもしれないと信じたくなる。

　楯築墳丘墓の墳頂に登ると、その名の由来になったであろう、巨大な立石の群れが目に飛び込んでくる。手前には小さな倉庫のような建物があって、なかには包帯にぐるぐる巻きにされたような浮き彫りを全面に施す奇怪な石が鎮座している。有名な弧帯石だ。かつては立石群の片隅に置かれていたらしい。楯築墳丘墓のご神体とされ、発掘でも別個体が見つかっている。そして、この弧帯石とそっくりな木製の弧帯板が、やはり箸墓近くの纒向遺跡で出土してお

図23 楯築墳丘墓出土の弧帯石

り、吉備と大和との強いつながりが、ここにもうかがえる。

春成さんは楯築墳丘墓の被葬者について興味深い仮説を持っている。それは箸墓古墳の被葬者の血縁者、もっと踏み込めばひとつ前の世代か前々代の近親者だったかも、というのだ（春成 2014）。もし箸墓の主が卑弥呼で、楯築の被葬者が女性ならば、卑弥呼の母も選択肢に含まれることになる。そしてその夫は竜だった、と春成さん。もちろん伝説上の霊獣である竜が実在したはずもないから、弥生人が抱いたひとつの概念ととらえてよいだろう。とすれば、卑弥呼は竜の血脈に連なる者というわけだ。彼女に強大な呪力があったとすれば、その源泉は父譲りの竜のパワーだったのだろうか。

一見とっぴな見解にも思えるが、なるほど、始祖伝説に特定の動物を戴く例は世界中にあるし、歴代の中国皇帝のように竜を至高の存在として自らに寄り添わせる考えは古くからある。竜と人間の女との間に生まれた伝承を持つ百済の武王などもそのたぐいだろう。

竜の思想が日本列島に浸透した痕跡は古くからみられる。正確に理解していたかどうかはともかく、紀元前後には竜を含む四神を描いた方格規矩四神鏡が流入していたのだから、この奇妙な動物が一部の弥生人の目に触れていたのは確かだろう。実際、弥生の絵画土

器には、近畿を中心に静岡から鹿児島まで竜をかたどったモチーフが多く分布する。楯築墳丘墓の近くの矢部遺跡から竜の頭ともいわれる奇怪な土器の造形が見つかったのも、偶然ではないかもしれない。時代は下るけれど、福岡県の装飾古墳、竹原古墳に描かれた、一説に竜をもって良馬を得る「竜媒伝説」ではないかともいう、あの不思議な壁画を思い起こさせないか。

　楯築墳丘墓の弧帯石を観察してみよう。複雑にめぐる帯のすき間から、確かに人の顔がのぞいている。春成説に従えばそれは女性の顔で、人間の母親と父親である竜が一体化した姿、人頭竜身の具現化ともみなせるらしい（春成 2011）。ならば、特殊器台にある綾杉文は雷光、すなわち竜の表現か。

　一方、楯築墳丘墓の被葬者は帥升という人物ではないか、との意見がある。帥升は『後漢書』倭伝に「安帝の永初元年、倭国王帥升等、生口百六十人を献じ、請見を願う」として登場する人物。107年、中国の漢王朝に生口160人を添えて使節を送ったとされる。「生口」には議論があるが、奴隷とか技術者の意味らしい。

　このときの生口の人数は、のちの卑弥呼や台与の遣使で送られた数をはるかに上回る。したがって、この派遣団は倭国を構成する複数のクニグニの連合体とも考えられ、それをまとめたのが帥升だったようだ。ならば、「等」は派遣団参加者の複数形の意味だろうか。

　この人物、一般に当時北部九州の大勢力だった伊都国の王にあてる場合が多いけれど、松木武彦さんの考えは違うようだ。楯築墳丘墓の構造にみえる楽浪系要素から考えて、その被葬者を東アジアと交渉を持った倭国の最高権力者とみなして差し支えないと評価したうえで、土器編年の検証からこの墓の築造年代は2世紀半ばごろまでさかのぼる可能性を説く。つまり、もし帥升が紀元150年前後に

亡くなったと仮定すれば、彼が被葬者だった選択肢も出てくるのだ（松木2011・2015）。あくまで、倭国王帥升が思いきり長生きすれば、の話ではあるけれど。

もちろん、これらは諸説あるうちのひとつ。異論も多いことだろう。卑弥呼の出自を北部九州の伊都国とみる説、さらには彼女の墓を弥生終末期の平原遺跡とみて、死後、故郷に葬られたのだとする意見もある。

邪馬台国がどこであれ、古代吉備地方が弥生時代から古墳時代への過渡期に重要な役割を演じたのは、数々の考古資料から明らかだ。にもかかわらず、邪馬台国論争のなかでその存在感が意外に薄いのは不思議な気もする。

各種青銅器の分布や在地制の強い墓制を検討すると、近畿や北部九州以外にも吉備や出雲、尾張など独自の文化圏を持つセンターが点在したのは間違いない。新時代に向けた古墳の創生にこれらの地域が何らかの役割を担っていたともいわれるのだから、それを采配したキーパーソンを吉備が輩出していても驚くにはあたらないだろう。

7. 卑弥呼はどこに眠る

3世紀半ば、卑弥呼は死んだ。きっと女王にふさわしい墓が築かれたに違いない。倭人伝も、そう伝えている。なのに、その墓はいまだに特定されておらず、これほど学界を悩ませている難題もない。考えてみれば不思議なことだ。女王はいったい、どこに眠るのだろう。

「卑弥呼以て死す。大いに冢をつくる。径百余歩、徇葬する者、

奴婢百余人」

　倭人伝の有名な記事である。径百余歩といえば、直径おおよそ150メートルか。これほどの巨大さを考えれば、大和を中心に広がる前方後円墳が思い浮かぶけれど、これまで古墳の出現は4世紀ごろで、弥生終末期に生きて247年あるいは翌年の248年あたりに亡くなったと推測される卑弥呼の時代よりずっとあとのこと、とされてきた。

　ところが、近年の研究で古墳時代の開始期がさかのぼり、3世紀後半さらには中ごろとみる説が有力になってくると、卑弥呼が墓に葬られた時期と古墳時代の最初期が重なってきた。その結果、最古の巨大前方後円墳として著名な奈良県の箸墓古墳を卑弥呼の墓にあてる説が力を増し、邪馬台国近畿説を勢いづかせている。国立歴史

図24　卑弥呼の墓との説もある箸墓古墳

民俗博物館（以下、歴博）の研究チームがAMSによる放射性炭素年代測定と暦年較正で結論づけた、240〜260年内に収まる築造年代も話題を呼んだ。箸墓には卑弥呼を継いだ台与（壱与）を考える研究者もいるが、歴博年代が正しいなら、260年代に西晋に使いを送った彼女の墓である可能性は薄くなる。

　もちろんコトがコトだけに、異論や反論は多い。倭人伝の記述を素直に読めば卑弥呼の墓の形を前方後円形と読み解くことはできないが、倭人伝が円丘だけを指し示したのなら矛盾はない、との主張もある。だが、かなり強引な解釈をしない限り、史料だけで墳形を断定するのは無理な話だろう。となると、絞り込みには考古学の研究成果を援用するほかない。

　なるほど、前方後円墳の持つ重厚な風格や政治的な意義はもちろん、鍵穴のような不思議な形も、どこかミステリアスで卑弥呼っぽい、といえないこともない。その形は日本独特のものだけれど、弥生時代の墳丘墓からの発展を重視する見方の一方で、ルーツをたどれば中国の「天円地方」の思想が影響したのでは、との考えもあるから、海外の要素がまったくないと言い切ることも難しい。景初3年に卑弥呼の使いが魏に派遣されたとき、一行の難升米や都市牛利が洛陽周辺の墓をみたならば、それが箸墓古墳をはじめとする前方後円墳の創出に影響した可能性も排除しがたい（東 2012）。

　卑弥呼が操った鬼道は神仙思想を取り入れた道教だったともいう。東王父や西王母が壺の上に乗っている中国の画像石にみるように、前方後円墳は神仙思想とつながりの深い壺の形、あるいは壺形の蓬莱山をかたどったとの説もあるほどだ（岡本 1987b、辰巳 2002）。それらを理由に所在地論争で近畿説を推したくなるのも、あながちわからないではない。

とりわけ箸墓古墳の起源説話に呪術を操る巫女の面影が深く投影されているのは、何を暗示しているのだろうか。細部は異なるものの、『日本書紀』には三輪山の神とヤマトトトヒモモソヒメとの伝承が、『古事記』にはイクタマヨリヒメとの伝承がある。いわゆる「苧環型(おだまき)」と呼ばれる神婚譚だが、卑弥呼という呪術王と性格を通じたヤマトトトヒモモソヒメの伝承が最古の巨大前方後円墳にまとわりついているのは、単なる偶然ではない気もする。

一方の九州説。近畿地方のような前期の巨大古墳は少ないし、そもそも卑弥呼の墓の候補にあたる「冢」が見あたらないのが悩みの種で、どうも旗色が悪い。ただし、まったく手も足も出ない、というわけではなさそうだ。

たとえば、福岡県筑後地方の権現塚(ごんげんづか)古墳。みやま市の一角を占める旧瀬高町は旧山門郡、まさに新井白石以来の邪馬台国九州説の最有力候補地だ。この古墳は、そのまっただ中にある。直径約50メートルの円墳で、すっかりのどかな田園風景に溶け込んでいるが、地元には卑弥呼の墓との伝承があるらしい。この手の言い伝えは、まあ、"お約束"ではあるし、未発掘ながら5世紀ごろとみられ、卑弥呼の時代と外れるので学術的には厳しいけれど、その土地柄からして無視できない、と推す声は意外と根強い。

あるいは、福岡県久留米市の祇園山古墳。20メートル余四方の方墳ながら墳丘の外周にたくさんの埋葬施設があり、これを倭人伝が記す殉葬の痕跡ではないかと積極的に評価する考えがある（若井2015）。確かにこれらの古墳は、卑弥呼というビッグネームに比べて見劣りする感は否めないが、筑後地方にはまだまだダークホース的な候補地が出てくる余地もありそうだ。

それでも卑弥呼の墓を「古墳」だとみれば、九州は近畿にかなわ

ない。しかし、古墳が出現する直前の、弥生の墳丘墓ならばどうだろう。たとえば終末期に築かれたという平原遺跡1号墓（福岡県糸島市）。40枚もの鏡を出土した、一説には伊都国最後の国王の墓とされるが、並み外れた出土品に卑弥呼の墓では、との呼び声があるのもうなずける。そのわりには規模がこぢんまりとしていて倭人伝と符合しないのが弱点だけれど、文献史料の数の表記に針小棒大な側面がなきにしもあらずなのはよく指摘されるところ。もし「径百余歩」の記述を無視してよいならば、もっと小さな、たとえば四角く周囲に溝をめぐらす方形周溝墓でも想定は可能だし、近畿の巨大古墳でなくてもいい（高島 2011）。ただ、こうなると倭人伝の信憑性そのものを疑問視することになるから、自家撞着との批判は避けられないだろう。

　近畿説の研究者のなかにも、「箸墓＝卑弥呼の墓」説に慎重な意見はある。石野博信さんのように、箸墓古墳を3世紀半ばよりもっと新しく考え、卑弥呼を継いだ壱与の墓とみる立場に立てば、その前段階にあたる卑弥呼の墓は定型化した巨大前方後円墳ではないことになる。むしろ、溝で囲まれた区画のなかにそれほど大規模ではない方形の丘か円丘があるような墓でよい（石野 2011）。

　また、歴博年代が正しいとした場合も、卑弥呼の墓が箸墓古墳に限りなく近づく、と断言できるものだろうか。仮に、一般的には「すでに」と読まれている卑弥呼の死亡記事の「以て死す」の「以て」を「おもい」と読んで、自分の死を思って寿陵として築いた、つまり卑弥呼は生前に自らの意思で寿墓をつくらせたとの説をとれば（渡邉 2001）、確かにそれは箸墓説を補強しそうだ。しかし一方で、そのプランが作成されたのは3世紀前半までずれ込むこともありうるわけで、同じ論理展開から箸墓古墳以外だった可能性も出て

くるのではないか。その場合、弥生終末の墳丘墓、あるいは纒向型前方後円墳と呼ばれる一群も視野に入れてよいかもしれない。もちろん、箸墓築造時にあたる布留式土器の年代観が割れている以上、候補の絞り込みはいかんともしがたいし、築造にどの程度時間がかかったかにもよるのだが。

　ちなみに、この「以死」の解釈、なかなか難解なようで、「王殺し」と関連づけた説（松本 1976）や、何らかの「非常死」を暗示するとの説（岡本 2010）などがあって、ちょっとしたサスペンスの薫りが漂う。

　女王が眠るのにふさわしい墓は、荘厳で巨大な最古の前方後円墳か、それともどこかに埋もれたままの墳丘墓なのか。卑弥呼の墓をめぐる論考はおびただしく、紹介しようとしてもきりがない。箸墓古墳に決まったような風潮もあるけれど、その中枢を発掘調査できない以上、万人を納得させるまでの道のりはまだまだ遠そうだ。神秘のベールに包まれた卑弥呼だが、その人物像も謎なら、墓まで謎めいている。卑弥呼の墓所は、やっぱり最大の難問なのだ。

第3章　弥生ワールドをのぞく

1. 開拓者か、放浪の民か

　倭人伝のクニグニが栄える礎となった技術や知識は、はるか海外からもたらされた。その立役者は朝鮮半島からの渡来人だった。異郷の地で、彼らはどんな暮らしを営んだのか。在来集団に溶け込みながら社会や文化を変革させていった彼らの足取りを追ってみよう。

　1万年余りの長きにわたる縄文時代に終止符を打ち、新たな弥生時代の扉を開いた渡来人集団。彼らが日本列島という新天地で目にしたのは縄文時代以来の在来人たちだったはずだ。先住者にとって渡来人は征服者だったのか、それとも友好的なパートナーだったのか。

　この大きなターニングポイントを考えるとき、朝鮮半島の人々が故郷を離れ、わざわざ波濤を越えて未知の日本列島をめざした理由は何だったのか、という問題に突き当たる。寒冷化を含む自然環境の変化とか人口圧が作用したのだとか諸説あるが、東アジア情勢に連動させて中国大陸や朝鮮半島の動乱を背景に読み取る指摘は説得力に富む。そこに浮かんでくるのは政治に翻弄され、戦火にあえぐ人々の姿だけれど、近年、国立歴史民俗博物館が発表した新たな年代観は異なるイメージを惹起した。弥生時代の長さが大幅に伸びるという、その見解にもとづくと、大陸での混乱期と時間的なずれが

生じるのだ。したがって、渡来人の「出朝鮮半島」の動機も決して玉突き状態の受け身だったわけではなく、むしろ社会矛盾を解消するために、彼らはより主体的に新天地を求めて海へ乗り出した、という解釈が提起されることになった（藤尾 2011）。

渡来の動機にそんな積極的な意味を持たせれば、新来の技術体系を携えた彼らの、エネルギッシュな活動がみえてくる。いうならば彼らはフロンティアの開拓者、ひょっとしたらそこには植民とでも呼べる活動があったのかもしれない。

実際、北部九州には渡来人が密集した痕跡が見つかる。たとえば伊都国域の三雲番上地区（福岡県糸島市）には楽浪系の土器が異常に集中するし、一支国域の原の辻遺跡（長崎県壱岐市）の一角でも同様の状況がうかがえる。伊都国も一支国も対外交渉の窓口であり、交易活動の拠点であったのだから、そこに渡来人が定着して国際交流の中枢を担ったことは容易に想像できる。彼らは、ときに海の向こうの故地と情報を共有して自分たちの世界の拡大を図るとともに、彼我のパイプを維持しながら結果的に倭国の地域発展を促進し、さらにはクニづくりにまで関与していたのかもしれない（武末 2009・2011）。そこに浮かぶのは華々しい弥生時代の幕開けを担い、開拓者精神に燃えて技術革新の原動力になった人々の勇ましいイメージだ。

とはいえ、異郷での暮らしが順風満帆だったわけではないだろう。それなりに苦労して少数派の悲哀を味わっていたらしい痕跡もあるようだ。

金属器や水田稲作の拡散過程とともに、渡来人の足跡をたどる絶好の手がかり、それが朝鮮系無文土器である。朝鮮半島で日常につくられていた普段使いの土器で、彼らの移住とともに日本にも持ち

込まれた。これがたくさん見つかれば、そこには渡来人が暮らしていたことになり、日々の営みがみえてくる。

朝鮮系無文土器の出る集落遺跡は弥生時代前期末ごろには三国丘陵など福岡県内に散在していたが、やがて西の佐賀平野に広がっていくとみられる。諸岡遺跡（福岡市）や三国丘陵のオリジナルに近いものから、やがて土生遺跡（佐賀県）などに認められるような、在地の土器の影響を受けた擬無文土器へと変質していくという。南の熊本平野も軌を一にしているとみてよいだろう。そして、中期初頭に現れるこの擬無文土器の分布は初期青銅器生産を示唆する鋳型の出土範囲に重なる。これらの集落が、青銅器工人が渡り歩くネットワークの拠点になっていたことを暗示するかのように。あちこちを遍歴する中世ヨーロッパの鋳物師がごとき渡り職人が早くもいたのだろうか。

意外なことに、無文土器が見つかるのは、快適な環境ばかりとは限らないらしい。渡来人の足取りを土器や青銅器から追う片岡宏二さんによると、横隈鍋倉遺跡（福岡県小郡市）では遺跡の隅の斜面だったり、鍋島本村南遺跡（佐賀市）では改善の兆しはみられるものの、それでも北側の大きな集落とは区別された、住みにくそうな湿地だったり。同じ集落内でも、渡来人は在来の人々から周辺とか隅っこなど条件の悪い場所に追いやられている傾向さえうかがえるのだ（片岡 1999）。

そんな状況を眺めると、彼らの多くは貧しい農民のような社会的弱者で、さながらボートピープルのごとく、やむにやまれず故郷を脱出した「難民」だったようにも思えてくる。仮にそのなかに特殊な先端技能を持つ人々が交じっていたとしても、在来の権力者にいいように使われただけなのだろうか。「やきもの戦争」とまでいわ

れた文禄・慶長の役で、西国諸大名によって朝鮮から連れてこられた陶工たちを彷彿させるが、こちらは士分に取り立てられた者もいるし、各藩のお抱えとして重用された場合もあったから、単純には比較できないだろう。

　彼らがどれほどの主体性を持って日本列島という新天地に溶け込んでいったか。前述の推測はそれぞれ両極端な例なのかもしれないが、少なくとも渡来人と先住の民との間にはそれほど先鋭な緊張関係はうかがえないようだ。真相がみえてくるには、もう少し時間がかかりそうである。

2. 馬、牛、そして「豚」

　人類と長い付き合いの動物なら、まず犬だろう。縄文時代から狩りの相棒だったようで、その労をねぎらってか、ずいぶん丁寧に葬られた事例が報告されている。それに続くのが、馬、牛、豚。では、彼らが邪馬台国時代の日本列島にいたかといえば、まだまだわからないことばかりだ。ヒントは倭人伝にあるようなのだけれど。

　倭に牛、馬、虎、豹、羊、鵲(かささぎ)はいない――。倭人伝には、そう書いてある。虎や羊はともかく、馬や牛は本当にいなかったのか。かつて、縄文時代や弥生時代の遺跡から出てきた骨が馬や牛として報告されたこともある。だが、最近ではフッ素年代判定などから後世の紛れ込みとみる意見が強い。原の辻遺跡（長崎県）の牛や大浜遺跡（同）の馬を最古の例とみて、弥生中期以降に欧州系の牛と蒙古系の馬が朝鮮半島経由で入って来たとの推測もあるが、はっきりと馬が確認できるのは、いまのところ5世紀ごろらしい（松井 1990、久保・松井 1999）。すなわち、馬具が古墳の副葬品に登場

し、騎馬文化が日本に入ってきた時期である。全身骨格がそろう例としては蔀屋北遺跡（大阪府）あたりを上限とするようだ。牛は馬よりずっと資料に乏しいが、牛用の農耕具などからみて、やはり同じころか、少し遅れて6世紀ごろからとみられる。いまのところ倭人伝は正しいようだ。

　ただ、お隣の韓国では紀元前2世紀に馬や牛が確認されているともいう。海外の先進文化は朝鮮半島から日本列島に流入したのだから、弥生時代にそれらが日本に入っていても不思議ではない。だが、動物考古学の松井章さんによれば、牛馬文化の定着にはある程度の人工的な継続性が不可欠らしい。つまり、牛馬を繁殖させるには牧などを維持するだけの権力が必要で、仮に弥生時代に牛馬がいたとしてもそれらは一代で終わったのではないか、というのだ。もっとも、倭人が馬を隠したから魏の使いの目に触れなかったのだとか、魏の使いが気づかないほど少なかったからだとか、少々強引な解釈もある。真相は藪のなかだ。

　さて、馬に牛とくれば忘れてならないのが、豚である。豚は人間が猪を家畜化したもの。猪は狩猟の対象として古く、縄文時代から鹿と並ぶ身近な獣だった。ならば日本列島でも、猪が家畜化されて豚が生まれる機会はいくらでもあったように思える。ところが、倭人伝は豚について、いたともいなかったとも触れていない。なぜだろう。

　中国では豚は、いて当たり前の動物らしい。河北省の磁山遺跡では約8000年前の豚が知られており、中国の家畜では犬と並んで最も早く出現するそうだ（袁 2002）。もし弥生時代の日本で飼いならされていたとしても、中国人にとってはごく自然な存在なので、わざわざ記録に残す必要がなかった。そんな想像も成り立たないわけ

ではないけれど、結局は臆測の域を出ない。

では、「弥生豚」の存在を科学的に証明できるのか。近畿の大規模弥生集落、池上曽根遺跡（大阪府）出土の猪の骨に若い個体が目立つという年齢構成の分析例から、そこに飼育の可能性が提起されたことは有名だ（金子 1980）。さらに踏み込んで、骨の形で判別できるという研究がある。豚は猪が飼いならされたものだから、骨格は基本的に変わらないように思われがちだが、そうでもないらしい。

下郡桑苗遺跡（大分市）で弥生時代の獣骨が出土した。どうも猪にしては後頭部が丸い。それに、ずいぶん鼻先が短い。野生の猪は鼻で土を盛んにかき回して、えさを探す。しかし、飼いならされるとえさは人間に与えられるわけだから、鼻を使う必要はなくなって退化していくともいう。人間や犬、猫などにみられる歯槽膿漏もあった。食べ物の変化だろうか。そんな目でみると、この骨は豚である蓋然性が高く、両者の違いが骨格からはっきり区別できるのではないか。そんな説が提起された（西本 1991）。

では、家畜化のルーツはどこか。自然発生の可能性も否定できないが、なにしろ海外文化が盛んに流れ込んだ弥生時代である。水田稲作や金属器とともに家畜の技術が弥生文化の構成要素として列島に流入したとすれば、直接的には朝鮮半島から、ということになる

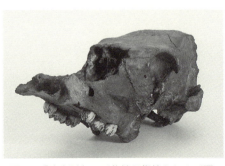

図25　「弥生豚」の可能性が指摘される下郡桑苗遺跡の獣骨

だろう。

　農耕儀礼と獣骨との密接な関係を示唆する例は少なくない。菜畑遺跡（佐賀県）や唐古・鍵遺跡（奈良県）、南方遺跡（岡山県）といった弥生遺跡では、「豚」の下顎が人為的にいくつも並べられた状態で見つかっている。穿孔されたものもある。邪悪なものを避けるまじないとか狩猟祭祀とか諸説あるが、農耕祭祀の可能性も捨てきれない。あるいは、それらが複合したものだったかもしれないし、家畜化の進行にともなう性格の変化も説かれている。似た習俗は大汶口文化期の中国や無文土器期の朝鮮半島にもあり、やはり弥

図27 木の棒に通されたイノシシ類の下顎骨（菜畑遺跡）

図26 南方遺跡のイノシシ類の下顎骨

生文化伝播の潮流に乗って列島にもたらされたものだろうか（春成1993）。

　もっとも、この「弥生豚」説には反論も。たとえば、家畜化に特有な顔面頭蓋の短縮化現象の有無や遺伝学的検討からの批判があった（小澤 2000）。また、弥生遺跡に飼育ブタと野生イノシシが混在すれば判別は複雑になるだろうし（新美 2009）、日本には多様な形質の猪がいて、形態のみから野生イノシシと家畜ブタを見分けるのは難しいとの批判もある（富岡 2011）。上記の遺伝学的検討にも手続き的な妥当性を危ぶむ声がある一方で、改めてDNAから弥生の「豚」を分析した結果をみる限り、アジア系家畜豚の日本流入はあったと認めたうえで、地域的には海洋交易拠点に限られ、全国的に広く普及していたとは考えられないとの見解も出た（石黒 2009・2012）。ただ、南方遺跡出土例などから弥生時代に野生の猪と異なる形態が存在したのは必ずしも否定できないようで、もし「弥生豚」がいたとすれば、弥生人による猪の家畜化というより、やはり渡来人が大陸から豚を持ち込んだと考える方が妥当なのかもしれない。さもなくば、半野生状態とでもいえる繁殖が普通だったのだろうか（松井 2005）。

　弥生時代の風俗や暮らしを知るうえで基礎史料になる倭人伝だけれど、こと動物に関しては首をひねる記述もあるようだ。倭人は死者が出ると殯を催し、その間、肉を食べず、喪主は泣き叫んだという。裏を返せば普段は肉を食べていたということか。さて、この肉、どんな動物だったのか。鹿？　猪？　それとも……。

3. 倭国は常夏のユートピア？

 倭の地はポカポカ暖かくて、住民はみな素潜り漁が得意で、生野菜のサラダが大好きで……。倭人伝に描かれた倭国のイメージは、こんなところだろうか。トロピカルな楽園とまではいかないにしても、どうみても常夏ムードたっぷりなのだけれど、これは本当に日本列島の風景なのか。

 弥生時代の日本列島の風俗や生活環境を知るうえで、倭人伝がまたとない記録であることは疑いない。そこにはズバリ、倭の地は温暖、冬でも夏でも生野菜を食べる、などとある。ほかにも、倭人は顔や体に入れ墨をして裸足のようだし、服装も簡単で、とても冬の寒さを考慮していたようにはみえない。ならば、倭国は南国さながらの気候だったとみてよいのか。それとも、これは夏の描写なのか。日本列島に明確な四季があるのは今も昔も同じなのだから、魏使が訪れた季節と関係しているのかもしれないが、倭人が年間を通して薄着、言い換えればみすぼらしい格好だった可能性も捨てきれない。

 そういえば『梁書』の職貢図に描かれた倭人も裸足で、古代中国人の考える倭人とは、どうもこのような

図28 『梁書』の職貢図

風体だったみたいだ。中華思想を根幹におく彼らからすれば、倭人などとるに足りない夷狄の一種に過ぎなかったのだから仕方ない。でも、はたして公の外交使節までこうだったのだろうか。確かに庶民は倭人伝が述べる通り、つつましい衣服だったかもしれないけれど、それにしても何か釈然としない。

この不思議な記述に合理的な説明を与えるため、古代史家の水野祐さんはこの風俗記事を狗奴国のみの風景と見なし、狗奴国もまた邪馬台国と同様、魏に朝貢していたと考えた（水野 1994）。第1章の「狗奴国ってどこだ？」で触れたように、民族学の大林太良さんも倭人伝の記述は著しく南方的要素が濃いことを、いろんな風習や社会システムの類似から指摘し、その傾向は東夷諸国のなかで唯一倭人のみだと認めている（大林 1977）。文化人類学に日本列島を照葉樹林文化の一端に含める見方があるのも、その影響がないとはいえないだろう（佐々木 1993）。といっても、当時の列島が、いまに比べて極端に暑かったとは思えない。だから、これは本当に魏の使いが倭国で目にした光景なのか、との疑問は古くからつきまとってきた。

魏の使い、たとえば倭人伝にみえる梯儁（ていしゅん）らが現地でみたことを描写した可能性は強い（山尾 1986）。海路はもとより、大陸東北部や朝鮮半島の乾いた地帯も通ったであろう彼らが、緑豊かな温暖湿潤の地にたどりついて、現実以上に「ずいぶん南に来たなあ」と実感したとしても不思議ではない。また、もし倭人伝の筆者、陳寿自身が、倭国は地理的に南にあったと思いこんでいたら、どうだろう。もう少し、倭人伝を眺めてみよう。

倭の地は「会稽・東冶の東に在る」とか、風俗は「儋耳・朱崖に同じ」といった記事がある。会稽はいまの中国浙江省、東冶は福建

省あたりで、いずれも長江以南の海岸部だ。儋耳・朱崖は、さらにその下の海南島とされるから、もはや亜熱帯地方である。とすれば、倭国はそれらの東側、つまり台湾や南西諸島の位置する南海上にあった、と読めるわけだ。かつて室賀信夫らが「混一疆理歴代国都之図」を手がかりに指摘した、南北に長くひっくり返った日本列島の地理観にも強く影響を与えている。その列島像はまた、邪馬台国近畿説の傍証にもされてきた。

　さらに倭人伝は「夏后少康の子が会稽に封ぜられ、髪を断ち体に入れ墨をして蛟竜の害を避ける」という故事を引き合いに出して、倭人もまた、入れ墨をして大魚や水鳥から身を守る、と記す。夏后少康とは伝説の夏王朝の王、蛟竜とはみずちや蛇のこと。入れ墨とあれば、当時の中国人は反射的に夏后少康の子を思い、会稽を思い描くのが常識だったらしい（大庭 1971）。「當に会稽東冶の東にあるべし」と記述するごとく、陳寿は『漢書』地理志粵の地の記事を引用して、倭人の入れ墨の習俗と会稽東冶の地を付会させたことが指摘されているから、当然、彼が考えた倭人の住処も南方になる。そんな固定観念が陳寿の頭の片隅にあれば「南」と書かれたのもごく自然なことで、12000余里というはるか南方の距離が記された理由はここにある、と大庭脩さんはいう。

　倭人伝に登場する習俗「黥面文身」がどんなものだったのかは知るよしもないけれど、黥面はやはり、亀塚遺跡（愛知県）や上東遺跡（岡山県）、仙遊遺跡（香川県）といった遺跡の土器絵画にみられる、顔に彫り込んだ曲線状の入れ墨だったのだろう。ならば文身は？　水中生物の害を避ける呪術的なものらしいことは先にも述べたが、早くに鳥居龍蔵はそれを竜のようなものと考えていたようだ。

図29 上東遺跡の人面文土器

図30 仙遊遺跡の石棺蓋石上に描かれた人面文

図31 亀塚遺跡の土器に描かれた顔

民族学や人類学の泰斗、金関丈夫も北部九州や東九州、瀬戸内地域には、自らが竜の子孫であるという伝承を持つ人々が分布していたと指摘した。豊後の緒方氏や伊予の河野氏、筑前の宗像氏などがそうで、彼らには蛇の尾や鱗があったという（金関 2006）。こんな古代の海人族はかつての倭の水人の末裔だったのだろうし、その職掌において律令期まで命脈をつなげた場合も多かったはずだ。宗像氏や阿曇氏、豊後海部郡の住人などは、その典型だろう。そんな倭の水人の営みを魏の使いが目にしたとき、彼らが倭国の風土に南国の光景を重ねたとしても無理はない。

　ちなみに、民族学の研究によると、古代日本の海人族は、阿曇・住吉系と宗像系に分かれるらしい。前者は中国東南部沿岸の閩粤の地にいた漁民、後者はフィリピンや台湾、琉球から九州に至った系統であるという（金関 2004）。いずれも南方世界の薫りが濃厚に漂う。これらは北部九州あたりで接触し、入り交じったともいうから、倭人伝にいう末盧国の水人もまた、南方世界の伝統を引いているのだろうか。そういえば、山幸海幸で知られる、失われた釣り針探しの神話はインドネシアなど太平洋の島々に広く伝わるそうで、一説にその発祥は中国江南地方ともいう。

　さて、そんな中国側が倭の地に抱いた南国観は、なにも3世紀の倭人伝の時代に端を発するわけではなさそうだ。たとえば、よく知られる紀元57年の倭奴国の遣使。このとき日本にもたらされたという志賀島（福岡市）出土の金印には、蛇のつまみがついている。この種の印は、温暖湿潤な風土を反映して南方の民族に与えられたとみるのが一般的である。後漢代の王充が書いた『論衡』の一節がおもしろい。「周の時代は天下太平で、越裳は白雉を献じ、倭人は鬯草を貢ぐ」とあって、鬯草とは鬱金草のことらしい。沖縄の特産

物、あの鬱金だ。南方の産物だから、ここでも倭人は南の種族と考えられていたに違いない。もっとも、この「鬯草を貢ぐ」という記事は理想王朝を粉飾する流行語に過ぎない、と切り捨てる主張もあるけれど。

とにかく、『魏志』が烏垣・鮮卑・東夷伝の冒頭で古代礼節の残る地と位置づけているように、どうも中国は古くから、倭国を東方の理想郷と思いこんでいた節がある。中華思想を戴く中国にあって、邪馬台国ははるか遠方の未開の地であった。だがそれは、倭国を好意的に描いた陳寿の理念のたまものであり、かつ、当時の外交政策が求めた政治的・戦略的に必然の帰結でもあったのだろう（渡邉 2012）。かくして倭人世界は、海のかなたの、いにしえの礼制を備えたユートピアの幻想をまとうことになった。

最後にもうひとつ、『史記』をみてみよう。ここには、有名な徐福という伝説上の人物が登場する。不老不死に執着する秦の始皇帝が、彼を蓬萊山があるという東海に派遣した。しかし、徐福は「平原広沢」にとどまって帰ってこなかった。彼が上陸したという伝承地は、佐賀や鹿児島、和歌山など日本各地に点在する。『史記』のみならず、『後漢書』もわざわざ倭伝のなかに徐福伝説を引いているから、徐福の上陸地と倭国をオーバーラップさせようとした意図が濃厚だ。

『呉志』呉主伝は、古老の言い伝えとして徐福のたどりついた地は亶洲だと言い切る。三国時代の為政者にも徐福伝説は相当意識されていたらしく、魏との対抗上、しきりに遠交近攻策を模索した呉の孫権もまた始皇帝と同様、将軍衛温と諸葛直に夷洲・亶洲を探し求めさせた。結局、2人は復命できなかったが、その島々に住む民は会稽にやって来て布を売っていたとか、会稽の人が海に出て亶洲

に流れ着いたとか書いてある。夷州は台湾ともいうし、亶州は種子島とも済州島ともいう。いずれにしても、亶州にいたという徐福の子孫が会稽まで商売で頻繁に来ていたとすれば、両地域はそれほど遠い距離ではなかったはずだ。そんな東シナ海の横断航路が稲作の伝播ルートの議論と相まって、古くから研究者たちを魅了してきたのもわからなくはない。

　もし、徐福上陸の地が日本列島のどこかならば、倭人伝が倭国を会稽に近い南方世界と考えたのも、なるほど納得できるが、よく考えてみれば不思議なことだ。倭人伝に記録された邪馬台国への道のりを素直にたどると、邪馬台国はずっと南の海上に、ぽっかり存在することになってしまう。それこそまるで、蜃気楼に浮かぶ神仙の島、蓬萊のようではないか。

4. 玉が映すネットワーク

　色とりどりの輝きに満ちた「玉」は宝石にも似て、今も昔もアクセサリーの代表格。剣や鏡とともに三種の神器の一角をなし、オシャレのみならず、その希少性は権威の象徴でもあった。倭人伝にも登場し、それを裏付けるような弥生時代の工房跡の確認も話題にのぼる。

　ひとくちに玉といってもいろいろだ。ソラマメみたいな勾玉や円柱形の管玉、ビーズのような小玉……。素材もまた、緑色が鮮やかな翡翠、透き通った水晶やガラス、森のような深みをたたえた碧玉などなど。縄文時代から歴史時代にいたるまで有力者たちの身を飾り、その権威とともに墓にも納められた。北部九州の甕棺墓では青銅器などとセットで見つかることも多く、特権階級に愛されたこと

がよくわかる。

　玉作り工房といえば、玉造温泉でもおなじみの山陰地方や日本海に浮かぶ佐渡島（新潟県）がよく知られるが、北部九州でも確認例が増えている。潤地頭給遺跡（福岡県糸島市）はその初例だろう。倭人伝記載の伊都国があった地で2002年、丸い溝が囲む竪穴住居跡から碧玉や滑石、水晶、メノウといった玉類の未製品、鉄の錐、砥石などが多数見つかった。当時、北部九州随一の大規模工房群だったとみられている。

　伊都国は海外の使節が駐在したり、卑弥呼への文書を点検したり

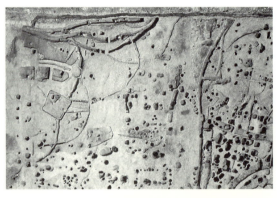

図32　潤地頭給遺跡の玉作り工房遺構（上）と水晶未製品（右）

した外交の窓口だ。きっと内外の人々が盛んに往来していただろうし、あらゆる物資が集積されていたはずである。かつての海岸線近くに立地する潤地頭給遺跡もまた、工房機能を有する一方で広域流通ネットワークに組み込まれていたに違いない。ここで生産された玉類も伊都国内での消費にとどまらず、九州一円はもとより、壱岐や対馬といった離島、さらには朝鮮半島にまで輸出されていったことだろう。いわば、伊都国ブランドの特産品として交易されたのではなかったか。船着き場の汀で人々が大量の玉をやりとりする、にぎやかな光景が目に浮かぶ。

　青玉が産出される――。倭人伝は、そう記した。青玉とは碧玉のことだろうか。卑弥呼を継いだ台与（壱与）は「青大勾珠二枚」を中国に贈った、ともある。硬玉製勾玉のことらしい。もしかしたら、中国への献上品もここ潤地頭給遺跡の工房でつくられていたのでは、などと思えてくる。

　北九州市の城野遺跡でも2010年、九州2例目の玉作り工房が見つかった。やはり住居跡内に水晶や碧玉のかけらと未製品が散らばっていた。この地方に倭人伝のクニがあったとは証明されていないけれど、素材を入手できるだけの有力集団がここに存在したとみてよいだろう。旁国のひとつ、ひょっとしたら第1章で述べた「企救国」が経営した生産施設かもしれない。

　さて、管玉の材料となった碧玉は、その組成分析から出雲地方産との見方が強い。古代出雲やその周辺部は古くから玉作りが盛んだった地域だ。花仙山という碧玉の大産地があり、古くは西川津遺跡（島根県）や長瀬高浜遺跡（鳥取県）など弥生時代前期からその営みが認められる。弥生のクニグニの成長過程において、玉作りの招請工人の存在も説かれるので（寺村 1990）、もし山陰から北部九

州へ原料がもたらされたのなら、それにともなって技術や工人が来ていてもおかしくはない。九州の玉作り技術は山陰に由来するとの見方が出てきて当然だ。ただ、碧玉製管玉の製作は北部九州に上陸した弥生文化とともに拡散したというから、むしろ逆輸入というべきだろうか。

実際、潤地頭給遺跡から山陰地方の土器が出ており、いわゆる「山陰系」の管玉を生産する出雲の工人がここにいたことを示唆する（大賀 2006）。逆に北部九州の弥生土器が遠く山陰地方まで及んでいることもわかってきた（常松 2013）。北部九州で珍重された南海産のイモガイ製貝輪がはるか北海道まで運ばれていったのは日本海ルートで、そこに碧玉や翡翠を運んだ山陰や北陸の人々が介在したともいうし（木下 1996）、陶塤（とうけん）と呼ばれる中国起源の土笛（本当に楽器かどうかは議論があるようだが）の分布状況からみても、日本海を舞台に弥生の文化交流が展開していた可能性は高い。著名な神庭荒神谷遺跡（かんばこうじんだに）（島根県）出土の銅矛には、本場北部九州の検見谷（けんみだに）遺跡（佐賀県）や目達原（めたばる）遺跡（同）の出土例にみられる矢羽根状の研ぎ分けが確認でき、両者の強い関係をうかがわせる。

時代は下るけれど、崇神紀の出雲振根にまつわる伝承なども、いにしえの出雲と北部九州の頻繁な交渉の傍証になるのではないか。とすれば、出雲の武器形青銅器の一部は九州の工人がもたらし、逆に出雲は九州に玉をもたらしたと考えても無理ではなさそうで、ここに日本海を介した壮大な交易活動がみえてくる。管玉の型からみれば九州と北陸・山陰は強い親縁性を持つ一方、近畿は東日本に近いそうだから（寺村 1981）、当時の日本列島には異なるネットワークが地域ごとに併存していたのかもしれない。

卑弥呼も身につけたであろう玉の装飾品。その輝きははるか千数

5. 卑弥呼の大刀

弥生時代の墓や古墳を発掘すると、さまざまな宝物とともに鉄の大刀や剣が見つかることがある。刀剣類といえば権威の象徴。卑弥呼もまた、中国皇帝から贈られた。彼女の手のなかで、それはどんな輝きを放っていたのだろう。

倭人伝記載の目録には「五尺刀二口」が登場する。五尺刀とは何か。これまでの発掘成果に照らし合わせれば、どうやら素環頭大刀とみていいようだ。柄頭が丸い輪になった中国製の鉄刀で、当時の五尺はいまでいえば120センチほど。かなりの長さだった。古墳時代になると1メートルを超えるものが散見されるが、弥生時代にはあまりないようだ。並の刀ではないから、相応の地位を満たす儀式的な威信財だったらしい。ちなみに、なぜ1本ではなく2本なのかについては、卑弥呼と、彼女を補佐した男弟にそれぞれ与えられたからではないか、とみる説がある（仁藤 2009）。

さて、刀剣類は有力者の古墳に副葬品として納められることが多い。弥生時代から伝わったものもあるようだが、そのなかに「卑弥呼の大刀」があるかどうかは、彼女の名でも彫り込まれていない限りわからない。ところが名前ではないけれど、なんとも意味深な年号を持つ大刀が、実はある。奈良の東大寺山古墳（4世紀中ごろ）の「中平（ちゅうへい）」銘大刀である。

約110センチに及ぶ内ぞりの鉄刀で、「中平□□五月丙午造作文刀百練清剛上応星宿□□□□」の文言が金象嵌されている。中平年

図33 東大寺山古墳出土の「中平」銘鉄刀

間は後漢代の184〜189年か190年初めごろで、日本では、ちょうど倭人伝の記す「倭国乱」、あるいはその直後のあたりと重なる。つまり、日本列島が争乱の時代、この刀は中国でつくられたらしいのだ。このころ中国は後漢王朝の末期で、遼東半島を中心に公孫氏が勢力を増しつつあった。そんな不安定な情勢下で生まれた大刀が、なぜ日本にあるのか。

卑弥呼は、この「倭国乱」を契機に共立されて女王になる。彼女が魏に使いを送ったのは景初3年、すなわち239年のことだ。それ以前に後漢へ使いを出した記録はない。だが、日本古代史の仁藤敦史さんは、記録はなくても、卑弥呼は魏への遣使より前から中国に使いを送っており、だからこそ的確な情勢判断ができたのだ、と説く（仁藤 2009）。

もしそうならば、239年の遣使より前に中国から卑弥呼に贈られた舶来品があってもいい。当時の東アジア情勢を鑑みれば、倭国の使いが公孫氏の支配地止まりだった可能性も否定できない。そうなれば漢の公式記録に残ることもないし、『魏志』の韓伝が「倭は（公孫氏の置いた）帯方郡に属す」とするほどだから、むしろ公孫氏からの贈り物だった疑いも出てくる。

実際、公孫氏がこの刀を卑弥呼に与えたとみる研究者は少なくない。想像をたくましくすれば、共立後の卑弥呼が後漢王朝に使いを

派遣して賜ったという選択肢のほかにも、使節団が当地の混乱に乗じて台頭してきた公孫氏に行く手を阻まれ、説得されて帰るおりに公孫氏から贈られた、というストーリーも紡げそうだ（金関 2010）。なるほど、倭国が公孫氏に属するなら、ありえない話ではないだろう。この大刀の製作者は漢帝国で、それが公孫氏の手に渡った、そうでなければ、公孫氏自らがつくらせた可能性もある。いずれにせよ、争乱を収拾して共立されたばかりの卑弥呼は中国の後ろ盾を求め、鉄刀はその地位を承認する証だったと考えても何ら不思議ではない。

後漢代の銘文を刻む大刀は、本場中国でも江蘇省出土の建初2（77）年銘や山東省出土の永初6（112）年銘など数例にも満たないから、中平銘の大刀が特別な存在だったのは容易に想像できる。ただ、それらが漢王朝による整った公的な隷書体であるのに対し、中平大刀はやや「緩み」がみられるとの指摘もあるようだ（東野 2008）。この違いは何を意味するのだろう。

さて、これが共立直後の若き日の卑弥呼が入手した大刀だとすると、なぜ、のちの東大寺山古墳から見つかったのか。つまりその伝世理由が問題となる。被葬者の祖先が卑弥呼と主従関係など何らかのかかわりを持ち、卑弥呼から下賜されて代々その家に伝わった、あるいはのちにその勢力が台頭した結果、時の政権から下賜されたとみるのも一案だ。この古墳が立地する地域は天皇家に多くの后を輩出した大豪族ワニ氏の本拠地だけに、被葬者を軍事的あるいは武器類の管理者的性格を持ったワニ氏出身者にあてる見解には説得力がある（金関 1999）。確かに、東大寺山古墳はメスリ山古墳などと同様、武器や武具が目立つ。被葬者は武人的な要素が強いわけで、卑弥呼を支えた将軍格の家系の末裔だったのかもしれない。

一方、金工技術の立場から、この中平銘大刀と倭人伝の記す五尺刀とは共通する使命を帯びていたのではないか、との興味深い指摘がある。金工史の鈴木勉さんによると、銘文の刻み方や字の形の観察から、この鉄刀の製作は後漢末の中平年間であってもかまわないが、銘文自体が彫り込まれたのはのちの3世紀の三国時代まで下るという。そして製作目的は、中国側の朝鮮半島や倭国へ向けた鉄素材拡販政策の一環であった、というのだ。銘文中の「百練」も中国製素材の優秀性を主張する文言とみて、その意味では中平銘大刀にしても五尺刀にしても、前漢の武帝以来の伝統的な政策、すなわち中国の鉄の品質をアピールし、その流通をコントロールしようとした意図が透けてみえるらしい（鈴木 2008・2010a）。冊封体制をとっていた中国が、倭国の経済をも自らの経済圏に組み込もうとした表れなのだろうか。

　いずれにしても、弥生時代終末期の大刀が4世紀中ごろの古墳に副葬されていた事実は動かないから、その誕生から副葬品として眠りにつくまでには長い年月を想定しなければ説明がつかない。これって、構図としては中国鏡の古墳への副葬、つまり伝世鏡の理論と似ていないか。近年ではなにかと批判のある伝世鏡論だけれど、その是非は鏡以外の副葬品も含めて検討される必要があることを、東大寺山古墳の鉄刀は教えてくれる。それに、中国の研究者からは、この大刀が中国から日本に渡来した工人の手でつくられた、との説も提起されているようだから、これまた三角縁神獣鏡をめぐる論争を思い起こさせる。

　はたして中平銘大刀は卑弥呼がもらった大刀なのか。五尺刀はどこにあるのか。それがわかれば、邪馬台国論争も一気に前進するのだけれど。ひょっとすると、五尺刀はまだみぬ卑弥呼の墓に眠って

いて、「景初三年」とか「正始元年」の金象嵌紀年銘が入っていたりして。

6.「銅鏡百枚」って、いったい……

　邪馬台国論争のなかでも最大の関心事のひとつは、いわゆる「卑弥呼の鏡」ではなかろうか。卑弥呼が中国皇帝からもらったという宝物で、論争決着の決め手とも目されるだけに諸説が林立する。素人がへたに手を出すと大やけどをするテーマなのだけれど、邪馬台国ファンを引きつける禁断の魅力は尽きない。「卑弥呼の鏡」って、どんな鏡なのだろう。

　倭人伝はいう。皇帝は女王に詔書で諭した。あなたに銅鏡百枚を賜いましょう。国中の人に示しなさい、と。

　卑弥呼が鏡を国中に配ったのなら、彼女の手元には少なくとも各地域よりたくさんの鏡が集まっていたはず。全部放出してスッカラカンになったならばともかく、常識的に考えれば、鏡が最も出土する場所が卑弥呼の居場所とみてよいだろう。では、それはどんな種類の鏡だったのか。

　近畿説が最有力候補に挙げるのが、ご存じ三角縁神獣鏡である。この鏡については今さらあれこれ言うまでもなく、おびただしい論考があるので詳しくはそちらに譲るが、ざっと概観しておくのも無駄ではないだろう。

　3～4世紀の前期古墳における副葬品の中心で、すでに確認例は500枚を超える。同じ鋳型や原型でつくられた製品が近畿を中心に全国各地で見つかり、卑弥呼が魏に遣いをやった「景初三年」（紀元239年）とか「正始元年」（紀元240年）の年号が入っているも

のさえある。だから、三角縁神獣鏡が最もたくさんある所が邪馬台国に違いない。この鏡を持つ前期古墳が集中するのは近畿地方だから、ここが邪馬台国だ。近畿説の人たちは、そう考えた。

ところが難問が立ちふさがる。三角縁神獣鏡は中国でつくられたはずなのに、あろうことか、そこで1枚も見つかっていないのだ。少なくとも万人が首肯するような形では。そこで、中国製か国産か、それとも呉の工人が日本に渡って来て製造したのか、などと根本的なところで大論争が続く。

皇帝が下賜用として特別につくらせたのだから中国に残っていないのは当たり前だ、と一部の人々はいう。オランダ東インド会社の注文を示す VOC 銘入りの染付磁器が、生産地である佐賀県有田でほとんど発見されないようなものだ。その実質的な発注は少帝のバックにいた司馬氏の意思とみる踏み込んだ見解さえある（近藤1988）。しかし、九州説をはじめ、「三角縁神獣鏡＝卑弥呼の鏡」に疑問を投げかける研究者が、それで納得するはずもない。

実は、中国で三角縁神獣鏡が確認された、という話はたびたび学界やマスコミをにぎわせてきた。しかし、三角縁が斜縁だったり、必要な構成要素を備えていなかったり、出自がいまひとつ不明だったりと隔靴掻痒の感が否めず、そのまま立ち消える場合が多い。2015年も笠松模様を持つ典型的なこの鏡が中国河南省の専門雑誌に報告されて話題となった。洛陽で見つかったというものの、コレクターが地元の骨董市で農民から譲り受けたという来歴で、これまた正確な出土地はわからないという。出土状況が把握できない以上、依然としてグレーゾーンにせざるを得ないのが悩ましい。

懐疑派に根強いのは、そもそも三角縁神獣鏡は中国から贈られるようなシロモノではなかった、というもの。権威の象徴というよ

り、むしろお墓における呪術的な役割を重視する見方だ。

　たとえば、石室内におけるその配置。黒塚古墳（奈良県）では、33枚の三角縁神獣鏡が、頭部に置かれた1枚の画文帯神獣鏡を取り囲むように配されていた。雪野山古墳（滋賀県）でも被葬者の頭付近にあったのは内行花文鏡で、3枚の三角縁神獣鏡は仕切板の外と足下にあった。一貴山銚子塚古墳（福岡県）では、頭の周囲に方格規矩四神鏡、その周りをめぐるように多数の三角縁神獣鏡が配されていた。ホケノ山古墳や紫金山古墳、椿井大塚山古墳なども似たり寄ったり。つまりどうみても、後漢鏡などの方が大事に扱われているようなのだ。そこで、三角縁神獣鏡は結界的な装置で、むしろ葬具と考えた方がよく、ならば、卑弥呼が生きているのにわざわざ葬具を中国が贈るはずはない、との見方が出てくる。

　葬具かどうかはともかく、威信財と異なる宗教的な側面は無視できないようだ。たとえば道教的な扱われ方、つまり葛洪の『抱朴子』がいうような神仙思想に通じる意味さえなかったとは言い切れない。供献の有り様もそう単純ではなく、生前に獲得した宝物への愛着や、死後の世界を前提とした破邪などだけでは割り切れない、複雑な思想背景が横たわっていたのだろう（今尾 1998）。

　三角縁神獣鏡の全国への拡散理由については、梅原末治や小林行雄以来の伝統的な伝世鏡理論や配布説が、今なお通説として学界に君臨する。三角縁神獣鏡に先立つ画文帯神獣鏡において、それを独占的に輸入して有力首長に分配する政治的関係が、すでに近畿にできていたとみる説も有力だ（岡村 1999）。一方で、逆に各地から鏡が献上された結果、近畿がその最大の集積地になったという考え方も、論理的に成り立たないわけではない。また、近畿から分配されたとしても細部をみればいろいろ解釈の違いがあるようだ。たとえ

図34 黒塚古墳出土の34枚の鏡
（阿南辰秀氏撮影）

図35 黒塚古墳木棺の北半分と木棺内の画文帯神獣鏡（阿南辰秀氏撮影）

ば三角縁神獣鏡の拡散を、卑弥呼の墓の造営という労働への対価とみる考えもあるし（東 2012）、主従関係や服属のあり方にもバリエーションがあってしかるべきだろう。

　伝世鏡論への批判や異論もあり、古くは原田大六説のように、その根拠である手ズレを疑問視して湯冷え現象とみなす主張もみられた。また、中央から地方への一元的な流れだけでよいのかどうか。同笵鏡・同型鏡の問題をめぐっても、ここに踏み返しを想定した場合、与えられた側での鏡のコピーはなかったのか、あるいは中央に服属した地方間での鏡のやりとりはなかったのか。後漢鏡ばかりが副葬されていた天神山古墳（奈良県）などは、三角縁神獣鏡を中心に副葬した古墳と照らし合わせて、どう考えればよいのだろう。と、まあ、一筋縄ではいかないのだ。

　ところで、近年の詳細な研究で、三角縁神獣鏡には大きく分けて4～5段階ほどあることがわかってきた。製作の開始は卑弥呼の遣使の239年ごろだとして、その下限をどこまで設定するかで短期編年と長期編年に分かれるうえ、複数の段階の鏡がまとめて墓に納められているから話はややこしい。とにかく、三角縁神獣鏡を卑弥呼がもらったとしても、それらは古いタイプに限られるだろうから、この鏡すべてが卑弥呼のためだけに特鋳されたとするのは厳しいだろう。もちろん、倭国の遣使は台与の時も実施されているようなので、卑弥呼の遣使をきっかけにこの鏡が継続してつくられ続けたという仮説も成り立つし（田中 1985）、その期間は半世紀前後の間だともいう（福永 2001）。いずれにしても三角縁神獣鏡の総数は、卑弥呼がもらった「銅鏡百枚」を大きく超えてしまった。もっとも、表向きは100枚で、その裏で使節団が持ち帰った鏡ははるかに多かったとしてもいいではないか、という考えもあるのだけれど（水

野 2006)。

　さて、三角縁神獣鏡ばかりが「卑弥呼の鏡」ではないとすれば、どんな鏡が候補に挙がるだろうか。ある程度は三角縁神獣鏡を認めながらも、それがすべてではないとする見方はかなり浸透しており、候補として後漢代の系譜を引く方格規矩鏡とか内行花文鏡が広く指摘されている。三角縁神獣鏡が卑弥呼と魏との接触によって生まれた鏡式であることを肯定したうえで、「銅鏡百枚」については三角縁神獣鏡よりも完形後漢鏡や魏鏡の諸鏡式を主体に考えた方がよいとの見方もある（辻田 2007）。また、三角縁神獣鏡が国産品ならば「銅鏡百枚」と無関係かといえば、そうとも言い切れないようだ。両者は密接に関連しながらも、中国から賜与された鏡の大きさが国中に示すには見劣りしたために、邪馬台国で急きょ三角縁神獣鏡という大型品が考案されてすり替えられたのでは、なんていうかなりの"くせ球"もあったりして（岡本 1987a）、まったく、複雑なことこの上ない。

　漢代の中国鏡が弥生時代の北部九州の墓からたくさん出土するのはご存じの通り。三雲南小路遺跡（福岡県糸島市）や井原鑓溝遺跡（同）、須玖岡本遺跡（福岡県春日市）を筆頭に、立岩堀田遺跡（福岡県飯塚市）、桜馬場遺跡（佐賀県唐津市）、東小田峯遺跡（福岡県筑前町）など、倭人伝のクニグニにあてられる地域の独壇場だ。その流れは前漢鏡から王莽鏡や後漢系鏡まで続くから、これらこそ「卑弥呼の鏡」とみる九州説の研究者は少なくない。

　ピカピカに金メッキした一貴山銚子塚古墳の方格規矩鏡などはもちろん、なかには金や宝石をちりばめたダンワラ古墳（大分県日田市）出土の鉄鏡といった銅鏡以外の鏡さえ候補に入れようとの動きもある。なるほど、その豪華さなら「卑弥呼の鏡」の貫禄は十分

だ。また、才園古墳（熊本県あさぎり町）などの豪華な鍍金鏡や、広範囲に散らばる「赤烏」や「黄龍」の紀年銘鏡に呉との直接交流、あるいは魏と呉との間を揺れ動いた公孫氏政権経由での流入を想定する向きもある。こうなると鏡を媒介にした倭と中国の交渉は魏晋のみに限られるものではなくなり、研究者の数だけ説があるといってもよさそうだ。

　ところで、論争をややこしくしているのが紀年銘の問題ではなかろうか。なぜなら、年号は有利にも不利にも働く非常に困った存在、混乱を招きかねない両刃の剣だからだ。

　前述のように、三角縁神獣鏡に鋳出された年号が卑弥呼の遣使にドンピシャの「景初」、あるはその前後となる「青龍」や「正始」に集中する事実は、この鏡を「卑弥呼の鏡」とする強力な根拠になってきた。ところがよりによって、ありえないはずの「景初四年」というものがある。広峯15号墳（京都府福知山市）から出土した盤龍鏡だ。盤龍鏡は三角縁神獣鏡と切っても切れない鏡種だけに、これらが直属の官営工房でつくられたとすれば、まさに皇帝のお膝元で謎の年号が刻まれたことになり、自己矛盾を引き起こしてしまう。まったく、歴史の神のいたずらとしか思えない話である。

　もちろん、近畿説側からはそれを合理的に説明する解釈がいくつも出されてはいる。けれど、九州説側からも、景初3年の遣使が決まり使者が帰国するまでの間に、改元を知らなかった倭人が北部九州で製作したからだなどとする説明もあって（佐古 2003）、両者一歩も譲らない。

　すでに500枚ほどもある三角縁神獣鏡だが、一説によると、未盗掘の前期古墳や盗掘を受けて散逸したものなども考慮すれば2000枚から3000枚にのぼるのではないか、との推計もある。ならば、

まだ見ぬ膨大な鏡に紀年銘鏡がないとは言い切れない。もし、「景初」前後とかけ離れた年号が出てきたら……。考古学の恐ろしいところである。

こんな出来事があった。2010年、桜井茶臼山古墳（奈良県）で、なんと80枚を超える銅鏡が確認された。といっても細かく砕かれた破片ばかりだったが、卑弥呼の使いが戻った「正始元年」銘の三角縁神獣鏡もあり、これは群馬県の柴崎蟹沢古墳出土の鏡と同笵らしい。「正始元年」鏡の近畿における初の確認例となった。新聞をはじめとしたメディアが騒ぎ立てたのはいうまでもないが、報道の端々に、なんだか歯切れの悪さというか、奥歯に物が挟まったような困惑も感じられた。専門家の評価もバラバラだった。

おそらくその原因は、これらの鏡の7割が後漢鏡で、三角縁神獣鏡は3分の1ほどだったからではないだろうか。つまり、鏡の密集度からみれば近畿説を支持するものの、それは「卑弥呼の鏡」であるはずの三角縁神獣鏡ばかりではなかったわけで、もはやひと昔前のように、近畿で鏡がたくさん出れば、即「邪馬台国は大和か」という単純な構図が通用しなくなっているように思えるのだ。こんな例は今後、ますます増えるかもしれない。

侃々諤々の「卑弥呼の鏡」論争。表面に「卑弥呼」の文字でも刻印されていれば話は簡単なのだけれど、そうはいかない。彼女が手に入れた中国鏡の正体を突き止めるには、まだまだ時間がかかりそうである。

7. 鏡はなぜかひび割れて

苦労して手に入れたであろう貴重な鏡を意図的に割って墓に入れ

てしまう。こんな奇妙な行為が、倭人伝に登場する北部九州のクニグニでは行われていたらしい。神聖な鏡をわざわざ壊した背景には、きっと弥生人の特別な思いが隠れているはずだ。

再三登場する平原遺跡（福岡県糸島市）は伊都国の最後の王墓ともいわれる。なんといっても直径46.5センチという超大型の内行花文鏡や端正な方格規矩四神鏡など、遺体を取り囲むように置かれていた40枚もの鏡で有名だが、どうしたことか、それらはことごとく粉々だった。

平原出土鏡の評価は難しい。同型鏡が多く、珍しい「陶氏作」鏡を含むなど、あらゆる意味で特殊で、一般の様式論から外れているのだ。これらの鏡のどれほどが中国製なのか国産なのか、研究者の意見は大きく割れるし、鏡の入手時期もお隣の奴国が金印を賜った

図36 粉々で出土した平原遺跡の鏡（松岡史氏撮影）

図 37 平原遺跡出土の超大型鏡（国宝　国〈文化庁〉保管）

前後（岡村 1993）から、これらが卑弥呼の「銅鏡百枚」に含まれるとする説（小山田 2003）まであり、この墳墓の成立年代にも影響を与えてきた。こんな謎の鏡群だから、多くの研究者を悩ませ、あえて無視されてきた面もないとはいえない。漢王朝からの政治的贈与さえいわれるほどの歴史的重要性を秘めながらも、である。

　1965 年の発見以来、調査に携わった在地の考古学者、原田大六はこの異様な出土状況について、遺体を安置するモガリノミヤにかけられた鏡が突風にあおられて落ち、粉々に砕け散った、と読み解いた。だが、それも臆測の域を出ず、実態は謎のままである。

　ところがその後、地元の教育委員会が続けているヤリミゾ地区の発掘調査で弥生後期後半の有力者層の墓域が見つかり、内行花文鏡などが出土し始める。そしてこれらも、やはり作為的に割られていた。どうも、かつての伊都国一帯では弥生後期になると、鏡の破砕

行為が日常化していたようなのだ。

　時期はさかのぼるものの、剣や矛など副葬用の武器形青銅器にはあえて折られた様子はない。なのに、鏡だけが割られたのはなぜなのか。そういえば、当初は墓に副葬されていた武器形青銅器が巨大化するにつれて公共祭器化し、誰も知らない土地へ埋納されていくのに対し、鏡は一貫して有力者の墓に納められ続けるのも、両者が持つ属性の違いを示唆する。そこには武器形祭器とは異なる、鏡特有のマジカルな意味があったに違いない。

　鏡といえば、のちの時代には神社のご神体にもなる、霊験あらたかな聖器。いわば、神々が宿る「よりしろ」である。近年、神秘的な魔鏡の原理が三角縁神獣鏡にも応用されていたことが判明して話題を呼んだ。そのこの世ならざる輝きは、古くから人々をとりこにすると同時に畏れを促したに相違ない。古代人が鏡にかぎ取った超自然的な力、その力の向けられた先は、邪悪な存在を退ける辟邪的な儀礼なのか、霊魂を慰めるものなのか。それとも、鏡は霊や呪力を封じ込める祭器だったのか。

　平原遺跡の被葬者が伊都国の最重要人物だったのは疑いない。伊都国王との見方は強いが、巫女的な人物を想定する説もある。副葬品の内容から女性とみられるので、首里王府の聞得大君のごとく、王権の運営にも参画した強力なシャーマンだろうか。その面影を被葬者に重ね、鏡を割る行為を解釈するにあたって、次なる継承者が新たなシャーマンとして社会的認知を得るために、墓主の呪力を遮断し抑え込むことをねらった、いわば呪術者としての通過儀礼ととらえる向きもある。

　そうなると、被葬者の人物像が、ますます気になってくる。原田大六は大日孁貴すなわち天照大神とみたが、これこそ卑弥呼ではな

いか、と踏み込む研究者もいる（髙島 2011）。むろん墓誌でも出ない限り、考古学的手法で被葬者を特定するなどできないわけだが……。これらは少々極端な例だとしても、その性格づけを重ねたうえで平原遺跡を「巫女王墓」ととらえ、卑弥呼の近親者とする説も出始めた（柳田 2000）。卑弥呼かどうかはともかく、鏡は人智を超越したパワーの源で、それを操る職掌が弥生時代から存在したことは確かだろう。鏡の破砕行為がそれと表裏一体だったのは間違いないようである。

　では、鏡の破砕習俗は、いつ、どこで始まり、どのように広がっていったのか。それについては従来、細かく検討が加えられており、弥生後期前半の佐賀平野周辺で生まれ、次第に北部九州各地に広がっていった道筋が推測されている（逆に、瀬戸内や近畿から九州に広がったとの見方も一部にあるようだ）。佐賀平野の石動四本松遺跡や二塚山遺跡で出土した鏡は鈕と呼ばれるつまみの部分だけが欠けていた。どうもその習俗には鏡の一部を抜き出す行為が組み込まれていたらしい（藤丸 1993）。すなわち、弥生中期に栄えた甕棺墓が衰退し、鏡への価値観が変わっていくなかで、鏡を壊して棺外に副えるという新たな儀礼が芽生えたというのだ。

　もし、この習俗が福岡県と佐賀県を南北に区切る脊振山地を越えて北の伊都国にも及んだのなら、平原遺跡の派手な破砕行為もまた、その遺風が波及した結果にみえる。ところが、なにか釈然としない。なぜなら、佐賀平野などに比べて、伊都国周辺では一度に複数の鏡が破砕される例が目立つのだ。伊都国域は鏡の集中する地域だから、といってしまえばそれまでなのだけれど。

　複数枚の破砕事例は、西にそう遠くない中原遺跡（佐賀県唐津市）でも確認されている。ただ、平原例ははるかに大がかりで飛び

抜けている。したがって、通常の破砕儀礼が何らかの要因で飛躍的に複雑化した結果、糸島地域内で独自の発展が生じた可能性を否定できない（平尾 2007）。

だが、それでもなお平原例は異常だ。抜き取りもなく、分厚くて硬い鈕の部分さえ執拗に割っている。習俗というより政治的な視点、あるいは戦争など特異な状況から考えるべきなのか。そもそも破砕習俗に佐賀平野と糸島半島との空間的な伝播関係はあるのか、それとも多元的に発生して両者に別系統の価値観があったのか。問題は複雑である。

また、この習俗が時間的に後世に引き継がれていくかも課題だ。柳田康雄さんによれば、弥生終末期まで福岡や佐賀に限定されていた破砕鏡は「倭国乱」後の庄内式土器並行期になると一気に拡散するのだという（柳田 2002）。奈良の桜井茶臼山古墳ではかねてから破砕習俗が説かれていたところだし（今尾 1993）、近年、331 片の破片の観察を通して少なくとも 81 枚もの鏡があったことが判明し、説得力はより強まった。もしそうならば、北部九州の破砕習俗が時空を超えて残存・伝播しながらも、その性格は各地で変容を遂げていった可能性が出てくる。

それにしても鏡という道具、なんとも不思議だ。第一義的には化粧道具に過ぎないのに、それにとどまらない呪術的性格に満たされている。古代中国における神仙思想とのかかわりはご存じの通り。それを知ってか知らずか、倭人はことのほか鏡を愛したようだし、伊都国や奴国の王にいたっては、墓への大量副葬にみられるごとく、死んでもそれを手放さなかった。前述のように、伊都国域で出土した土器の線刻を「鏡」の文字とみる説もあって、なんとも意味深だ。そんな特別なアイテムをあえて割ったのは、なぜだったの

か。

　ミステリーの女王アガサ・クリスティに『鏡は横にひび割れて』という推理小説がある。これから起こる謎の殺人を予兆させるような、魅惑的かつ恐ろしげなタイトルだ。お正月の餅は「鏡割り」でなく、やっぱり「開いて」。割れた鏡はとかく不吉な前兆とされるが、さて、弥生人はそれを吉とみたのか、不吉とみたのか。聞いてみたいところである。

8. 鉄を制する者

　鉄を制するものは倭国を制す。遺跡から顔を出す錆だらけの塊だって、かつてはハイテクの結晶だった。だから、いにしえの権力者は鉄の流入ルートをおさえることに躍起になった。まさに、鉄は国家なり、なのだ。

　砂鉄や鉄鉱石から鉄を取り出す製鉄技術の登場は古墳時代ともいう。だが、その素材や鉄器自体は、すでに弥生時代の日本列島にももたらされていた。倭人伝が記す奴国の中心、福岡県春日市では数々の金属器やガラス工房が確認されており、赤井手遺跡や仁王手遺跡(におうて)は鉄器工房とされる。比恵遺跡（福岡市）出土の鉄斧には、高度な脱炭処理まで施されていた。一方、近年、山陰地方や丹後地方でも鉄資料が急増中で、淡路島（兵庫県）の五斗長垣内遺跡(ごっさかいと)で後期後半の鉄器製作遺構が発見されるなど、目が離せない。

　しかしその原料は、といえば海外からの輸入品だった。弁辰の国々は鉄を産出し、倭も鉄をとっている――。そう『魏志』の弁辰伝が記すように、朝鮮半島は主な供給地だった。そこで弥生時代は鉄器時代といわれてきたわけだが、国立歴史民俗博物館の研究グ

ループが弥生鉄器を洗い直した結果、斎藤山遺跡（熊本県）の鉄斧や曲り田遺跡（福岡県）の鉄片といった早・前期の出土品は後世の混入とみなさざるを得ず、その普及は列島に鍛冶遺構が出現する中期末以降になるという（春成 2003・2006）。この見解には反論が続出したが、いずれにしても、鉄器の本格的な浸透が弥生時代の後半、すなわち倭人伝のクニグニがまとまり始め、その一部が朝鮮半島と盛んに対外交易を開始した時期に活発化することに変わりはない。

かの地に近い北部九州の弥生遺跡から出土する鉄器の量は近畿地方を凌駕し、邪馬台国九州説を支える柱にもなっている。ただ、近畿で石器が消滅していく現象は常々指摘されるところ。だから、普及していても土中に埋まって溶けてしまったのだとか、再利用されたから見つからないのだとか、いろんな推測がある。近畿の土壌で鉄は残りようがないとの分析もあり、結局、副葬習俗がみえなければ金属器使用の実態はとらえようがない。なんとも悩ましいが、この時期、現存する遺物の量で九州が全国を圧倒するのは動かない。したがって、北部九州のクニグニにとって鉄の入手ルートの確保と維持が列島内での優位を保つための生命線だったのは容易に想像できる。

ところが3世紀、弥生時代から古墳時代への転換期を境に、北部九州と近畿の形勢は一気に逆転する。西日本に何が起こったのか。それを合理的に説明することは邪馬台国論争の行方に直結する。

代表的な仮説は、近畿勢力が瀬戸内地域も巻き込んで九州の鉄器独占権と流通経路を武力で奪い取り、それを契機に近畿中心の強大な支配体制が築かれたというもので、2世紀後半の「倭国乱」は言うまでもなく、朝鮮半島内での争いにさえ関連づけられてきた（都

出 1989、鈴木 2004、白石 2013 ほか）。もし、近畿勢力が邪馬台国につながるとすれば、女王卑弥呼の墓にも鉄がたくさん納められている可能性がある。近年、卑弥呼の墓として支持者が増えている奈良の箸墓古墳が未盗掘なら、ここに今なお大量の鉄製品が眠っていてもおかしくないわけだ。

しかし、ことはそう単純ではない。もし、この争奪戦の勝敗が鉄の支配権を左右したならば、遺跡にはドラスティックな変化が表れるに違いない。だが、考古資料上では北部九州は相変わらず開放的な鉄の窓口だったらしく、鉄の西高東低は依然として続き、近畿勢力による幹線ルートの奪取を裏付ける逆転現象は確認できないという（村上 1998・2000）。それとも勝利した近畿勢が、北部九州が築いてきた流通とノウハウをうまく取り込んだ、ということなのだろうか。石器の流通システムから鉄器の流通システムへの推移に大きな画期を認めるにしても、北部九州勢力と近畿勢力の攻防というドラマチックな構図よりもむしろ、鉄素材の供給体制は各地域で可能な状況で、問題はそれに関与できる首長とできない首長との差別化にあった可能性に着目した考えもある（禰冝田 1998）。ならば、実際は二者択一よりずっと複雑な社会変化をともなっていたのかもしれない。

この問題に多彩な説が現れ始めた背景には、鉄資料の蓄積が飛躍的に伸びている山陰など日本海沿岸地域の存在が無視できなくなってきた状況がありそうだ。漁撈具や土器の分布においても、朝鮮半島から北部九州、山陰地方にまたがる交易圏が現実味を帯びている。すなわち、鉄を含む流通の大動脈は、なにもひとつに限定する必要はない、ということである。となれば、従来想定されてきた鉄流通網をめぐる東西対立という大枠にも再考の余地が出てくるだろ

うか。

　鉄の争奪戦があったか、なかったか。その雌雄を決するには、戦いの痕跡はもちろん、鍛冶工房など生産遺構のさらなる発見や鉄資料の蓄積を待たなくてはならない。

　ところで、弥生人の「心」の動きからその行動パターンを追った興味深い考察がある。認知考古学に取り組んできた松木武彦さんは、北部九州を席巻した鉄器文化が瀬戸内や近畿になかなか浸透しなかった理由について、傑出した人物の輩出がない、序列化の乏しい社会だったからではないか、という。岡山県内には2世紀ごろになって、ようやく楯築墳丘墓に代表される巨大墳丘墓が出現するが、古代吉備が山陰などの鉄流通の主軸の背後に立地したからこそ、その遠隔地交渉の窓口として大酋長が登場した、というのだ（松木 2007）。瀬戸内地域といえば、どちらかというと流通の幹線を担ったイメージがあるだけに、発想の転換といえる。

　邪馬台国の有力候補として騒がれる奈良の纒向遺跡でも、おもしろい事実が指摘されている。博多遺跡群（福岡市）などで出土する、断面がかまぼこ形をした九州系の鞴（ふいご）の羽口が出ているというのだ。鞴とは、炎を強めるために空気を送り込む、金属器づくりに欠かせない道具。羽口は高熱に耐えられるように土でつくられた口の部分で、羽口や鉄滓、赤く焼けた土などが見つかれば、そこが鉄器づくりの工房だったことがわかる。つまり、九州説のライバル纒向遺跡で、なぜか相手側の技術が使われていたことになる。近畿と九州が敵対関係にあったのなら、なぜ九州系の技術があるのか。他地域からの搬入品が多い纒向遺跡でも北部九州の土器はほんのわずかなのに。近畿の人間が九州で技術を覚えて帰ってきたことを意味するのか。それともやはり、近畿勢力が九州に勝利した結果、鉄づ

くりの職人や技術が纒向の地にもたらされたと考えるべきなのだろうか。

いずれにしろ、3世紀前半の列島内で物流の動きが激しさを増すのは考古学的事実だ。脚光を浴びる山陰地域はもちろん、先の五斗長垣内遺跡、青銅器製作の痕跡や鋳造鉄斧の柄も出土している玉津田中(たまつたなか)遺跡などから、明石川流域に位置する播磨地方の集落遺跡を石器や金属器の物資流通の要衝とみる意見もあって（禰宜田 2010）、弥生時代の鉄の研究は、もはや北部九州だけでは成り立たない時代に突入した。

武器に、生産用具に、権威のシンボルに。鉄をたくさん入手できるか否か、その動向が古代国家形成に大きな役割を果たしたことに疑問の余地はない。弥生の鉄研究を制するものは邪馬台国論争を制す、ということか。

9. 鬼道信仰

卑弥呼は「鬼道」を操ったという。宗教なのか、それとも呪術や民間信仰のたぐいなのか。その語感にはおどろおどろしい雰囲気が漂うけれど、いったい、どんなものなのだろう。

倭人伝は「鬼道につかえ、よく衆をまどわせる」という一節を残す。『後漢書』倭伝には「鬼神道」とあって、こちらは「神」がつく。「神」の文字があってもなくても、「鬼」などとぶっそうな文言があるからには尋常ではなさそうだ。なんとなくネガティブな印象もつきまとう。ただ、「鬼」の語は、現在の我々がイメージするよりはるかに複雑だったらしい。

鬼道をめぐっては古くからさまざまな説が出されてきた。海外と

交渉した卑弥呼だけに、中国の道教や神仙思想など外来信仰を当てはめる考えもあれば、鬼とは死んだ人の魂で、中国の天子が天をまつった郊天祭祀と明確に区別する考えもある。土着のシャーマニズムの一形態とみるもの、あるいは稲作文化の穀霊にかかわるものではないか、いや、祖先の霊への祭りではないか、霊魂と交信する術ではないか、などなど。神道の原始的な形態ととらえたり、記紀神話に登場する土地の神とか国ツ神といった日本的要素と結合させたりする説もある。

でも、はっきりわからない。なにしろモノとして後世に残らない精神世界は考古学が苦手とする分野なのだから。したがって、その追究には文献史学や民俗学、神話学、文化人類学、民族誌などを総動員して当たるほかない。欠かせないのが同時代史料の比較検討である。なかでも同じ『魏志』、とりわけ倭人の条が含まれる東夷伝内での比較研究は古くから行われてきた。

「鬼道」に類似する宗教行為は朝鮮半島内にも複数、描かれている。たとえば、馬韓の記録には「毎年5月に種まきが終われば、鬼神を祭り、人々は集って歌舞をし、昼夜酒を飲む」とか「村々には『蘇塗』という特別区画があり、大きな木に鈴や鼓を懸けて鬼神を祭っている」とあって、やはり鬼道らしきものが登場する。鈴や鼓が日本の銅鐸のごとき祭器であるならば、かつて小林行雄が銅鐸絵画から想像したような農耕叙事詩の風景がかの地でも繰り広げられ、鬼道もまたそのツールとして機能したとみてよいだろうか。それともそれらは新来の鬼道に駆逐される運命の土着信仰だったのだろうか。ちなみに、そこに北方シャーマニズムの「世界樹」的観念が投影されているとすれば（依田 1987）、ここにダイナミックな南北精神世界のせめぎ合い、あるいは統合と融合がみてとれるかもし

れない。

　おもしろいのは、そこにいくつもの鳥竿を立て並べる聖域があったらしいこと。まさに鳥霊信仰と稲作文化の複合を考えたくなるけれど（金関 1986）、安易に農耕祭祀と結びつけるべきではないとの意見もあって（渡辺 1995）、結論を出すには検討材料がもっとほしいところだ。

　この聖域、罪人が逃げ込めば逮捕できないというから、いわゆるアジールの一種である。鳥竿に似た絵は韓国の大田あたりで出土した防牌形銅製品にも描かれているし、日本の古墳にも立て並べられることがあったらしい。鳥形の木製品も池上曽根遺跡（大阪府）などで出土し、韓国の麻田里遺跡では、水田遺構と一緒に検出された

図38　鳥が描かれた韓国出土の青銅器

図39　池上曽根遺跡出土の鳥形木製品（大阪府立弥生文化博物館蔵・出合明氏撮影）

貯木場のなかから似たものが見つかっているそうだ。

　鳥の羽根飾りをつけたシャーマンらしき人物を描く弥生絵画は多く、鳥と弥生人の付き合いは深かった。こんな風習の起源は、古代中国の江南地方、呉楚の世界にまで求められるともいうから（金関 2004）、弥生社会は東アジア精神社会の一端に、確実に連なっていたようである。

　そういえば、民族考古学の国分直一さんによると、山口の忌宮(いみのみや)神社には竿の先に黒鶏の羽を飾った祭具を用いる、数方庭(すほうてい)なる行事があって、その呼び名は前述の蘇塗にあたるソッテとかスサルテイといった韓国での呼び方に由来しているという（国分 1992）。いにしえの朝鮮半島での祭儀の名残が現代日本の神事に息づいているとすれば、実におもしろい。

　さて鳥といえば、珍敷塚古墳（福岡県）や鳥船塚古墳（同）をはじめとして、九州の装飾古墳壁画のモチーフによく見かける。被葬者の霊をあの世に運ぶ道先案内人として解釈されることが多い。白鳥の姿に見立てられたヤマトタケルの魂をめぐる説話のように、文献上も魂を運ぶ存在として描かれる例があり、祖霊との深い関係が浮かんでくる。一方で、鳥は穀霊を招く神聖な存在でもあった。落ち穂伝承を通じた稲作文化との密接なつながりを考慮すれば、天神地祇と異なる中国古来の精神文化が朝鮮半島に至る過程で、鳥の信仰と祖霊信仰、稲作における豊作祈願などと入り交じってバリエーション豊かな鬼神信仰を誕生させた、とはいえないか。

　そもそも死者の魂や祖霊と農業の穀霊とは、ともに一体化しやすい性質を内包するものらしい。その象徴は鳥に限らない。たとえば、鹿だ。『播磨国風土記』の讃容郡の伝承に出てくる、生きた鹿の血で稲の成長を促す逸話のごとく、あるいは『豊後国風土記』

の、命を助けられた鹿がその後の豊作を保証した説話にみられるがごとく、鹿は古くから地霊、すなわち豊穣をもたらす神の化身とみなされていた。その角は毎年、定期的に生え替わるために稲の成長サイクルと同一視され、豊作を祈る対象にもなった（春成 1991）。

弥生時代にさかのぼれば、吉武高木遺跡（福岡県）の古式の甕棺に鹿の線画が刻まれていたし、大木遺跡（同）の甕棺にも鹿らしき絵が描かれていた。これらは害獣である鹿の狩猟風景のスケッチに過ぎないとの懐疑的な見方もあるけれど（片岡 2010）、やはりわざわざ葬具に特定の動物を描いたからには、なにか特別な意図があったような気もする。たとえ直接的表現でなくとも、鹿を副題にして省略された主題を暗示させる手法を想定する見方もあり（藤田・辰巳 1998）、とすれば鹿は強烈なメタファ（隠喩）を演じていたことになるだろう。

ともあれ、豊穣と再生の証たる鹿が、死者が祖霊の仲間入りをする場となる甕棺をキャンバスに刻印された現象は、農耕の再生産のモチーフがあの世に持ち込まれることを意味してはいないか。亡く

 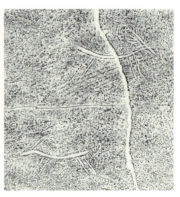

図40 吉武高木遺跡の甕棺に刻まれた鹿の絵

なった人物が新たな命を得て、再びこの世によみがえることを願った弥生人の思いがひしひしと伝わってくるのである。

想像をたくましくすれば、弥生人たちは、鳥も鹿も地霊であり穀霊でもあるという、ある意味フレキシブルな感性の持ち主だったのかもしれない。そう考えれば、一部で指摘されている、鬼虎川遺跡（大阪府）の木製品の絵は鹿と鳥が合体した霊鳥ではないかとの一見とっぴな推測も、さもありなんと思えてくる（佐原・春成1997）。とにかく、弥生人のそんな柔軟な発想は、地霊や穀霊に加えてあの世にも及んでいたと思いたい。

甕棺にはときおり、鹿とともに鉤形が刻まれている。鉤形に辟邪の意味があるのは古くより指摘されているところ。ときとして青銅器にも刻印され、そこには豊穣と辟邪が共存していた（常松2006）。弥生人にとって両者が表裏一体だったのならば、甕棺における鉤形と鹿の共存は、被葬者の健やかな再生の日まで、その妨げとなる邪霊の侵入を阻止するといった呪術性を強く印象づける。そんなマジカルな意味合いが卑弥呼の鬼道にも脈々と息づいていた、と考えるのは無理があるだろうか。

図41　赤穂ノ浦遺跡（福岡市）出土の銅鐸鋳型（鹿と鉤形の文様が彫り込まれている）

さて、東夷伝にはほか

にも鬼道や鬼神への言及が少なくない。高句麗の条には「大屋を立てて鬼神をまつる」とあるし、弁辰の条には「鬼神を祠祭するに異なりあり」などとみえる。これら東夷伝の鬼神たちは、人々が稲作とともに信仰した祖先の霊ではないか、ともいう。卑弥呼の鬼道も祖先崇拝の儀式と深くつながるのなら、東夷世界の鬼神は地域によって多様なバリエーションをみせながら、海をまたいで朝鮮半島と日本列島をつないでいたのかもしれない。

もっともこの鬼神、もともとは古代中国の概念で『春秋左氏伝』や『論語』、『史記』などにも登場し、祖霊や死霊を意味した。卑弥呼の鬼道に道教思想が色濃く影を落とすなら、老荘思想や神仙思想とも結びついて、蠱惑的な彼女の雰囲気にもぴったりではないか。

『抱朴子』という中国の書物がある。神仙を採り入れた道教の教義で、鏡が重視されたことが触れられている。そこで再び思い出すのが三角縁神獣鏡。背面に世界の創造主とされる東王父や西王母といった神仙が浮き彫りにされることが多いのは、鏡に神仙の力が宿っているという認識ゆえか。鏡の専門家、森下章司さんのように、四川と長安周辺に分布する三段式神仙鏡の拡散過程と、後漢末に勢力を拡大して世の中を混乱に陥れた巨大宗派、五斗米道の動きとを関連づける見方もある。五斗米道の指導者、張魯の列伝によると、張魯の母もまた妖しげな術で人心に取り入ったという。卑弥呼の活躍とほぼ同じ時期なのは、はたして偶然だろうか。

弥生時代終末から古墳時代黎明期にいたるまでの日本列島に、道教はかなり浸透していたようだ。唐古・鍵遺跡（奈良県）で見つかった、大きな勾玉が入った褐鉄鉱の容器は不老不死の仙薬を想起させるのに十分だし、纒向遺跡（同）では仙果とされる桃の種が大量に出ている。少なくとも上層部の間には、ある程度の道教知識が

広がっていたといえそうだ。弥生中期後半に壱岐や玄界灘沿岸地域で出土する葱坊主みたいな異形の壺は、仙人の住む理想郷の霊山さながらに神仙思想を体現しているとの説があるし（常松 2007）、いにしえの精神世界を追究する辰巳和弘さんによれば、銅鐸絵画の「工」の字形の道具を持つ人物こそ、崑崙山に住む西王母ではないかという（辰巳 1999）。北部九州、近畿地方を問わず、弥生時代には神仙思想がかなり流布しており、卑弥呼の鬼道がその延長上に位置づけられるならば、それは東アジアに広がる信仰形態のひとつだった蓋然性も高まる。

　厚いベールに覆われた女王、卑弥呼。人前にめったに姿をみせない日常がその神秘性をいやがうえにも押し上げ、いつしか妖婦がごとき幻想さえつくりあげた。そんな彼女が繰り出す鬼道の術も、なにやら超自然的な力を感じさせずにはおかない。もっとも、それもまた、私たちの妄想が生んだ産物なのだろうけれど。

10. 悪魔払いのルーツ

　倭人伝のクニグニは、古くから中国や朝鮮半島など海外と交渉していた。北部九州の遺跡で出土する数々の舶来品はそれを証明するが、思想や祭りといった精神文化もまた、盛んに流れ込んだことだろう。北九州市の弥生時代終末期の墓で、不思議な絵に出会った。真っ赤な顔料に塗り込められた石棺の一部、そこに「何か」がいたのだ。

　2010年、城野遺跡で方形周溝墓の全容が明らかになった。第1章の「知られざるクニグニ」で触れた子ども用の墓である。3世紀前半というから、まさに卑弥呼の時代だ。埋葬施設は2人分しかな

いので、被葬者たちはよほど重要な人物だったらしい。この地域を治めた有力者ゆかりの、若くして亡くなった跡継ぎたちだったのだろう。

問題はそのうちのひとつの石棺だった。頭側の小口の板石には朱が塗られ、その上に細い線描きの人物らしき絵が確認されたのだ。

図42 城野遺跡方形周溝墓の石棺（内部に朱が塗られている）

図43 かろうじて確認できる線刻は人物像だろうか？

といっても、とても筆圧が弱いうえ、かなり薄れていて、目をこらさないと判別できない。だが、見ようによっては両手に盾と武器を持った上半身と認識できなくもない。胴体には格子状の模様があるから、ひょっとしたら短甲の表現かもしれない。仮にこれが人物像だとして、どうにも奇妙だ。目が少なくとも三つ、場合によっては四つ……。もちろん、あくまでもそれを顔の表現と想定してのことだけれど。

そもそも、弥生終末期の石棺に描かれた人物像ならば、それ自体が異例なこと。これが本当に絵なのかどうかの判断さえ研究者間で割れるが、とりあえずこれを人物像だと認めるとして、では、いったい何者なのか。

興味深い指摘が飛び出した。古代中国にルーツを持つ「方相氏」ではないか──。京都の吉田神社の追儺式で鬼を追い払う、四つ目の仮面をつけた、あの異形の人物である。弥生絵画の研究で知られる設楽博己さんは、この絵と方相氏の関連について積極的に言及し、黥面習俗と絡ませて、3世紀に方相思想が日本列島に流入していたこと、その源流が中国にあることを論じている（設楽 2013）。

方相氏は『周礼』という古代中国の礼法を記した書に登場する呪

図44 方相氏（『大漢和辞典』大修館書店）

術師だ。頭から熊の皮をかぶり、四つの目で戈と盾を持つ人物で、邪悪な魑魅魍魎を払う。四つ目とはなんとも異様な風体だが、その理由として、新石器時代以来、獰猛な熊に対する人々の畏敬があってそれが辟邪思想に結びつき、熊の頭の皮をかぶる際にうがたれる人間の目の穴と熊の目を合わせた四つの目が反映されているのではないか、との考察がある（春成 2007）。城野遺跡の場合、キャンバスが箱式石棺内だったという特殊性を勘案すれば、この絵は被葬者を守る魔除け的な性格を有していたのではないか。必ずしも絵空事とは思えない。なぜなら、古墳時代になると九州では装飾古墳が盛行し、そのなかには辟邪を意図した図像が少なくないからだ。

　なるほど、石棺をのぞき込むと、この人物はまるで子どもを見下ろし、邪悪なものどもを退けようと頑張っているかにみえる。幼子の亡骸を襲い安寧を脅かす者、それはいずこからともなくやって来る悪霊だったのだろう。いにしえの人々にとって、人智で抵抗しがたい災厄を迎え撃つには超自然な力にすがるしかなかったはずだ。彼らが方相氏の異形に、その特殊な力をみたとしても不思議ではない。

　とはいえ、日本における方相氏の本格的な登場は、記録上 8 世紀の奈良時代になってから。大宝令を引き継いだ養老令に確認できる。つまり、律令制度にともなって中国から導入されたと考えるのが一般的なのだけれど、『元興寺縁起』には 593 年に方相氏を車に乗せて引いたとあるので、さらにさかのぼって流入していたのかもしれない。盾持ち人の埴輪や藤ノ木古墳（奈良県）の馬具の意匠にその影響を読み取り、古墳時代にはすでに知られていたとする説もあるし、2 世紀の顔面付土器と関連づける見方もあるようだ。

　邪悪な存在を遠ざけようとする辟邪の思想は人間にとって普遍的

なもの。呪術に頼るお祓いの儀式が弥生時代にもあって当然だ。従来、弥生絵画のモチーフといえば一般に農耕儀礼と結びつけられるため、死や墓の要素は薄い。けれど、甕棺に描かれた鉤のような記号に辟邪思想をみる説があるし、福岡県飯塚市の小久保・勧貫遺跡の甕棺内部には、おびただしい抽象記号が確認された。何を意味するのかは不明だが、それらは外部からみえないので、死者へ捧げられたまじないのたぐいではないだろうか。地中に埋められた銅鐸を結界とみなし、対馬に集中する広形銅矛を当時の国境線を守る呪物ととらえれば、この世あの世にかかわらず、弥生人が特定のデザインや造形に敵対者や侵入者を調伏する祈りを託していたと考えてもよさそうだ。

　清水風遺跡（奈良県）や唐古・鍵遺跡（同）、瀬ノ尾遺跡（佐賀県）、川寄吉原遺跡（同）など、弥生土器や鐸形土製品には盾と戈を携えた人物がしばしば登場する。古代中国の廟前で踊られた「武舞」と「文舞」に関連づける見方もおもしろいが（甲元1994）、彼らと、よく弥生絵画に登場するシャーマン的な鳥装の司祭者との共時性を前提にすれば（藤田 2006）、盾と戈にマジカルな意味を付与するのはたやすい。実際、豊穣を願う農耕の予祝行事とされる模擬戦の様子や、豊かな生産性を脅かす魔物を追い払う意図をそこに重ねる研究者

図45　川寄吉原遺跡出土の鐸形土製品

図46 纒向遺跡出土の木製仮面と鎌の柄

は多い（小林 2008）。ならば、一見異なる農耕儀礼と葬送儀礼もまた、邪を払うという意味では共通する。弥生絵画の背景に流れる思想もまた、もとをただせば方相氏と軌を一にするものなのかもしれない。

　もし城野遺跡の絵画が農耕儀礼と葬送儀礼をつなぐとすれば、そこにどのようなプロセスがあったのだろうか。「方相氏に本来備わっていた葬送儀礼における邪気を払うという観念自体が取り出され、農耕にまつわる邪悪なものを払う役割をになう儀礼に転化され、埋め込まれたのではないだろうか」（設楽 2010）。そんな解釈もありうるだろう。

　近年、奈良の纒向遺跡にほど近い大福遺跡で木製の仮面が公表され、話題を呼んだ。コウヤマキ製で、2世紀後半のものだという。左半分だけだが、目や口がよくわかる。纒向遺跡では3世紀前半の木製仮面が見つかっており、それとよく似ているそうだ。纒向遺跡の仮面については、その上層から盾や鎌の柄など用途不明の木製品が出土した。鎌の柄は頭部が屈曲し、その形は戈と通じるらしい。もし仮面を仲立ちに、方相氏と「戈と盾を持つ人」がつながってくるなら、なんとも意味深ではないか。

　北部九州の城野遺跡の絵にしても、近畿の仮面にしても、不思議と卑弥呼の生きた時代に重なる。卑弥呼は方相氏の存在を知ってい

ただろうか。ひょっとしたら、彼女が操った「鬼道」には方相思想の片鱗が採り入れられていたのかもしれない。まさに、いにしえのエクソシズム（悪魔払い）。ついつい、そんな空想をしたくなる。

11.「倭の水人」は国際派

なんとなく農耕民のイメージが強い弥生人。だが、彼らの一部は優秀な海の民でもあった。特に北部九州沿岸部の集団は、縄文時代から大海原を駆け巡っていたらしい（木村 2003）。そんな伝統に裏打ちされた漁撈のノウハウや航海術は、やがて「倭の水人」を海上交易の主役に押し上げることになった。

倭人伝を眺めてみよう。「倭の水人は好んで沈没して魚蛤（ハマグリ）を捕らえ」などとある。なかでも、佐賀県東松浦半島付近にあった末盧国の記述は「好んで魚鰒を捕らえ、水深浅と無く、皆沈没してこれを取る」といった具合で、実に臨場感にあふれている。鰒とはアワビのこと。浅瀬にいるハマグリに比べてアワビ取りには卓越した潜水技術が求められる。この時代のアワビ漁はすべて潜水漁法だったようで（山中 2010）、倭人伝の記述は見事にそれを描写する。西北九州の漁撈民は相当泳ぎが達者だったらしい。

長く複雑な海岸線を持つ西北九州地域や周辺島嶼部は、昔から全国有数のアワビの産地だった。奈良時代、『肥前国風土記』の松浦郡の条に記された豊かな海産物は盛んなアワビ漁をうかがわせるし、平安時代の『延喜式』によると、たくさんの肥前産アワビが朝廷へ貢がれた。律令期の伝統は、弥生時代から連綿と続いていたのだ。

アワビ漁が急増したのは弥生時代後期ともいう。それを示すのが

アワビをこそぎとる道具、アワビオコシである。平たい棒状のなんの変哲もない道具で、普通は鯨骨でつくられている。かつてはヘラ状骨製品とか骨剣などと呼ばれていたが、その正体を突き止めたのが九州大学に奉職した岡崎敬さんだった（岡崎1968a）。

この道具は、佐賀県唐津市の菜畑遺跡や小川島貝塚といった末盧国の領域のみならず、一支国のあった長崎県壱岐市の原の辻遺跡やカラカミ遺跡などでも見つかっている。まさに弥生の海洋王国の版図と一致するわけで、西北九州や壱岐・対馬に海の民の村々が点在していたことを物語る。さらに「倭の水人」は北部九州にとどまらず、日本海沿岸まで進出していたようで、青谷上寺地遺跡（鳥取県）や西川津遺跡（島根県）の鹿角製ヘラ状製品にみられるように、鯨骨を利用した九州のアワビオコシが山陰地方で材質・形態転換を起こした可能性も考えられている（中尾2005）。なるほど、最近は土器の動きからみても日本海を介した流通ルートが浮上しているし、北部九州で珍重された南海産貝輪が北海道の有珠モシリ遺跡で確認されている。実際に北海道の浜中2遺跡で対馬の佐賀貝塚と同じタイプのアワビオコシが出土した事実に鑑みれば、日本海沿いに北上する「貝の道」に加えて「アワビオコシの道」とでもいうべき海路が想定できそうだ。

ひょっとしたら北部九州には、魚介類をとってそれを農耕民に供給する専業集団がいて、海の民と里の民が相互依存しながら共生する社会システムがあったのではないか。とすれば、彼らの漁撈活動は日々の生業だけに終始するものではなく、倭国全域を結びつける流通網の要だった可能性がありはしないか。そこに目をつけた武末純一さんはこんな海辺の村を「海村」と呼び、活発な交易活動を指摘する。これらの村には交易ネットワークを持つ独自の世界があ

図47 日本列島で出土する中国貨幣（元岡・桑原遺跡群）

り、貨幣や文字、さらには計量道具の使用もあって、大規模な拠点集落間の交易にも海村が深く関与していた、というのだ（武末2009・2013a）。規模を無視すれば、インドネシアやマラッカなど近代以前の東南アジア沿岸部に展開した港市国家ネットワークの概念に近いだろうか。

　武末さんによれば不思議なことに、五銖銭や貨泉といった古代中国の貨幣は、原の辻遺跡をのぞけば大規模な拠点集落にはなく、もっと小さな海辺の村、たとえば御床松原遺跡（福岡県糸島市）のような漁撈色の強い集落跡に多いらしい。海辺の村々が拠点集落にかわって対外的な交易活動をこなしていたということなのか。御床松原遺跡や唐原遺跡（福岡市）、姪浜遺跡（同）といった集落跡を「専業的漁撈集落」と位置づけて伊都国や奴国の外港ととらえる見

方に立てば（山中 2007）、これらは海村の最も進んだ発展形態といえるかもしれない。また、十数枚の中国貨幣を出土した原の辻遺跡は例外的に集落規模が大きいが、ここで発見された棹秤のおもりである「権」などを合わせると、通貨としての局部的な使用を認める考えもある（宮﨑 2008）。たとえば単純な物品交換以上の複雑な取引があったとして、少なくとも倭国内での異邦人同士のやりとりに銭貨が使われていた可能性はないだろうか。

韓国南部でも勒島遺跡などをはじめとして類似する状況がみてとれ、全羅南道の巨文島では 1000 枚近くもの五銖銭が出ている。だが、これらの海洋集落で、貨幣がその本来の機能を十分に果たしていたかどうかは意見が割れるところ。日本列島では五銖銭よりはるかに鋳造期間が短かった王莽銭である貨泉に出土例が偏っているのも不自然だし、構成銭種の比率が大陸や朝鮮半島と一致しないことから列島内で中国銭貨に貨幣としての用途を想定することは困難だとの批判もある（古澤 2011）。ただ、倭人伝のいう「南北市糴」でも米の売買に鉄そのものが交換材として用いられたと解釈し、鉄素材が流通する国際市場を朝鮮半島と日本列島間に仮定すれば（東 2004・2012）、たとえ貨幣でなくても、何らかの形でそこに経済原理が働いていたとみても無理ではない。

「倭の水人」はその機動力を駆使し、海を渡って海外にも出かけていったに違いない。勒島遺跡の弥生土器は弥生人がそこに定住していたことを暗示する。海村のネットワークは日韓の境を越えて延びていたのだろう。

そして、勒島にもアワビオコシがある。北部九州の鯨骨製と違って鹿角製だが、その形態から北部九州製の影響下で生み出された可能性が高いともいう（武末 2003）。あるいは山陰地方にみられるタ

イプに関連づける見方もある。いずれにしろ、「倭の水人」は当時の朝鮮半島社会に生業面でも影響を与えたことになり、場合によっては北部九州に限らず、列島各地から海の民が直接朝鮮半島に渡っていた疑いも否定できない。近年増加している山陰地方の鉄資料の入手ルートをめぐる議論とも絡んで、今後の展開が楽しみだ。「倭の水人」とはなんとダイナミックで、インターナショナルな人々だったのだろう。

ところで、倭人伝には倭国が魏の朝廷に白珠5000を献上したとの記録がある。白珠とは真珠のこと。允恭紀にはアワビが巨大な真珠を産した話もみえるほどだから、アワビ漁の副産物としての真珠が結果的に当時の外交で重い役割を担っていたとしてもありえない話ではない。ひょっとしたら、その献上のためにたくさんのアワビの採取が必要とされたのだろうか（下條 1998）。そうすると、アワビ漁は中国と倭国との外交を支える重要な生産活動だったことになる。

とはいえ、アワビからの天然真珠の入手はほとんど偶然に近いような確率の低さだともいう（田辺 1987）。もし、倭の特産物として献上を可能にするほどの、まとまった量の供給源が恒常的に確保されていたとすれば、そこにはきわめて広域で組織だった収奪システムの存在、あるいは真珠の採取率を高める特別な技術を想定せざるを得ない気がする。

たかがアワビ、されどアワビ。「倭の水人」の生業は、ひなびた海辺の風情からは想像できない、対外戦略をにらんだ「国策産業」の一面さえ備えていたのかもしれない。

12. 二つの金印

かつて中国から日本列島に、二つの金印がもたらされた。紀元1世紀、博多湾の入り口に浮かぶ志賀島で見つかったという「漢委奴国王」の金印、そして3世紀に卑弥呼が賜った、まだ見ぬ「親魏倭王」の金印である。まずは、後者から話を始めよう。

卑弥呼が魏帝から贈られた「親魏倭王」の金印は、邪馬台国論争を終結させる最強のアイテムとして常に脚光を浴び続けるが、いまも行方知れず。卑弥呼の金印はどこに眠るのか。そもそも、この世に実在するのだろうか。

いまあなたを親魏倭王となし、金印紫綬を仮に与え――。材質は金、印面には「親魏倭王」の4文字が彫られていたらしいが、現物はすでに失われ、誰もみたことはない。ところがどうしたわけか、その印影が、江戸時代の藤貞幹の手による『好古日録』に載っている。もちろん彼が金印を所持していたわけではなく、明代の『宣和集古印史』からとった旨の説明書きがあるという。いにしえの印章は昔から好事家に人気があったようで、残念ながらこれもニセモノらしい。風流天子で知られる北宋の徽宗が手がけた印譜を山中で発見したとして明代に刊行されたのがこの『宣和集古印史』で、いわゆる偽書である（大庭 1971）。ただ、字体などそれなりに考証されているようで、当たらずとも遠からず、か。

近い将来、日本列島のどこかで、この金印がひょっこり姿をみせてくれれば、長い邪馬台国論争も一気に解決に向かいそうなものだけれど、実際は悲観論も多い。遺物は動くから決め手にならないし、私たちの知らないところでうっかり顔を出して、すでに鋳つぶ

されてしまった可能性だってないとはいえない。

　卑弥呼の金印は日本で見つからない、と中国法制史の大庭脩さんは主張した（大庭 1999）。なぜなら、魏を継いで晋王朝が成立したとき、当時の国際ルールに則って中国に返却されたはず、というのだ。もしそうなら、私たちは不毛な議論を重ね、無駄な期待を抱き続けていることになるのだが……。

　いや、墓に埋められた可能性はある──。菅谷文則さんの発言は心強い。『三国志』の王淩伝には、墓をあばき、屍をさらし、印綬や朝服を焼いたとの記述があって印の副葬を示唆し、事実、西晋時代の墓からの出土例もあるという（菅谷 2013・2014）。なるほど、仮に返却の義務があったとして、遠く離れた倭国でそのルールがどれだけ厳格に守られたかにも疑問が残るし、そもそもこの金印が魏側の内政事情の産物で、倭の実態とはかけ離れた分不相応な贈り物だったとすればなおさらだ（岡田 1977）。なによりも、これに先立つこと 200 年近く前、後漢王朝からの「漢委奴国王」の金印が、現実に日本で出土しているのだから。

　なお、「親魏倭王」の称号について、それほど破格ではないとの指摘（大庭 1993）と、「親魏」は東方で唯一なのだから異例だとする見解（金 2005）とで意見は割れるが、ひとまずここではおく。

　倭人伝によれば、卑弥呼が中国に派遣した難升米や都市牛利らも銀印をもらっている。もし「親魏倭王」金印がこの世からなくなっていたとしても、もしかしたら複数の銀印が列島内のどこかに眠っているかもしれない。それらが限られた範囲に集中して出土したら……。晋に使いを出した台与も「親晋倭王」の金印をもらっていてそれが発掘されたら、などと空想はふくらむ。

　まだ見ぬ「親魏倭王」の金印。一部の近畿説支持者がいうよう

に、箸墓古墳（奈良県）が卑弥呼の墓で、しかも未盗掘状態を保っているとすれば、それは遺体と一緒に石室内に納められているだろうか。宮内庁管理の箸墓古墳の発掘は現実的には無理なのだけれど、いましばらくは勝手な想像をはせて楽しむとしよう。

さて、もうひとつの金印が、ご存じ国宝「漢委奴国王」金印である。ヘビをかたどった蛇鈕を持つ、教科書でもおなじみの誰もが知る横綱級のお宝だが、実はこれほど謎に満ちた国宝も珍しい。多彩な論点はすでにまとめられているのでそちらを参照いただくとして（大谷1974、後藤1986）、驚くべきことに、そこに刻まれた文章の読み方さえなかなか定まらないのだ。

改めて「漢委奴国王」。これ、なんと読む？「カンのワのナのコクオウ」に決まっている？　そう。学校でもそう習ったはずだ。『後漢書』によれば、建武中元2（57）年、後漢王朝は「倭奴国」、すなわち福岡平野の奴国に金印を贈った。「委」は「倭」の省略形とみるのが普通だ。ところが、この読み方には反論がある。

図48　「漢委奴国王」金印

図49　金印に刻まれた文字（本来は封泥印として用いられていた）

図 50　金印発見にふれた亀井南冥の『金印弁』

　発見は江戸時代の天明 4（1784）年。ことの顚末を伝える志賀島村の百姓甚兵衛口上書によれば、海にほど近い「叶の崎」あたりの水田で姿を現し、福岡藩の碩学、亀井南冥のもとに持ち込まれた。南冥は、これが古い歴史書に出てくる中国由来の宝器に違いないと喝破。明治期に入ると古代史家の三宅米吉が、これを奴国王がもらったものと断定し、以来、通説となる。読みも「カンのワのナのコクオウ」、あるいは「カンのワのナコクのオウ」が定着した。

　ところが、今なお異論が絶えない。たとえば、「委奴」を「ワのナ」と分けずに「ワド」とひと続きで読む方法だ。ワド国とはあまり耳慣れないが、道教研究の大家だった福永光司さんも、漢民族を脅かした北方遊牧民の匈奴にならって「ワド」と読んだことがあ

る。常松幹雄さんのように、金印がもたらされた紀元1世紀中ごろの九州にはのちの倭人伝に描かれた奴国とは別の、糸島半島と福岡平野を中心にまとまる「倭（奴）国」とでも呼ぶべき勢力があり、これこそが金印を得たのでは、との考えもある（常松 2015）。

そして、やはりひと続きに「イト」と読む説、つまり伊都国だ。印章史に詳しい久米雅雄さんは、金印をもらったのは奴国王でなく伊都国王だったという。その論証によると、中国はこの時期、伊都国を倭の代表と認識していたはずで、それは考古学的状況にも合致するし、漢の印制に地理概念的な意味合いで「委奴」の分断的な読み方はない、というのだ（久米 1983）。藤貞幹や上田秋成らもイト説だから、これも伝統的な見解といえる。

もちろん通説の支持は多い。高倉洋彰さんはイト説に、こう反論する。もし2文字を伊都国にあてれば、イトは倭という民族から独立してしまい、倭人伝中に登場するはずがない。したがってイトとは読めず、「奴」は倭国の一画をなす奴国を構成した部族である、と（高倉 2007）。

ワド説やイト説とワのナ説との違いは、どうやら委と奴を二つに分けるか一組とみるか、にありそうだ。また、匈奴に代表されるごとく、「奴」の字を漢民族が異民族へのさげすみを込めた接尾語とすれば2文字は不離の関係となる。すなわち、委奴国とは倭国のこと、「漢の倭奴国の王」と読み替えてもよさそうだが（冨谷 2012）、しかし、はたして「奴」を卑字とみてよいのか、議論の分かれるところだ（籾山 2011、黄 2013）。そして、亀井南冥以来の「ヤマト」説もまた、健在である（平野 2002、大谷 2014）。

のちの時代ではあるが、万葉仮名でイワシを「伊委之」と表記し、「委」をワと発音する例が木簡にあるそうだ。考えようでは奴

国説に有利となりそうだけれど、まがりなりにも皇帝が「国」に与える公印に、「倭」を「委」と減筆した文字を使うかどうか疑問がのこる（森 2010）。

さて、この金印が2千年の時を超えて私たちを悩ませる最大の理由、思うにそれは、発見時の状況がよくわからないことに尽きる。今なお出土遺構を特定できず、いつ埋められたのかも不明。現在の常識に照らし合わせれば、考古学的にはとても一級資料と呼べないシロモノだ。そもそも、どうして出土地が辺鄙な島でなければならないのか。なんとも不可解だが、ここにこそ金印の謎を読み解くヒントが隠されているように思う。

志賀島に行ってみよう。博多湾を挟んで福岡市のビル群を望める海岸沿いに金印公園がある。「金印発光之處」の石碑があるが、あくまで推定地。史料には「叶の崎」「叶崎」とか「叶ノ浜」「加捺浜」などといろいろあって、正確な出土地点はわからない。

口上書によれば、水田の工事中に石を動かしたら光るものがあったという。秘密の隠し小部屋だろうか。それとも箱式石棺だろうか。もしお墓だとすれば王墓クラスと考えるのが自然

図51 志賀島の金印公園に立つ石碑（出土地を示す旨が刻まれている）

だが、それなら須玖岡本遺跡（福岡県春日市）などがある奴国の中枢、福岡平野あたりがよほどふさわしい。おまけに眼前には海が迫る。推定地一帯は田んぼにはおよそ不向きな急峻な崖で、平坦なところはごくわずか。あっても猫の額のような土地ばかりだ。むろん弥生時代と地形は変わっているだろうし、出土遺構がすでに海に浸食されていてもおかしくはないけれど、それを斟酌しても、こんな狭隘な場所になぜ、という疑念はぬぐえない。それが、金印は祭器であえてここに埋められたとか、外敵に奪われないように隠された、海から漂着した、あるいは単にいらなくなったのでたまたまここに捨てられた、など諸説を林立させることになった。

1994年、福岡市教育委員会は関連遺構を見つけて論争に終止符を打とうと、現地の発掘調査に乗り出した。が、結果は不発。となると、限られた材料で推理するしかない。

出土遺構の構造をめぐってはさまざまな説があるが、調査を担当した塩屋勝利さんは「積石を有する箱式石棺墓」とみる（塩屋 1985）。金印のほかに副葬品が見あたらない点に関しては、発見が偶然ゆえに注意が払われなかったからと推測したうえで、奴国の外交をつかさどった人物の墓と考える。金印を古代外交に必須のツールとみて、そこに航海技術や通訳で貢献した、志賀島周辺を地盤とする海人族の長のにおいをかぎ取るのだ。

『後漢書』には、中国への使い自らが「大夫」と名乗ったとある。ひょっとしたらこの人物が金印の保管者だったのか。外交を担った邪馬台国屈指の実力者、難升米は、その名前から奴国の出身ではないかとの説があるが（森 1985）、奴国が培った対外交渉のノウハウがのちの邪馬台国連合の外交を支えることになった、と思えなくもない。そういえば、志賀島に鎮座する志賀海神社の祭神は綿（わた）

津見(つみ)三神。奉祀してきたのは「志賀の海人」、阿曇族である。

 印影の読み方で伊都国説に立つ久米雅雄さんは、もともと金印が納められていたのは奴国の西、伊都国の井原鑓溝王墓だと主張する。その発見は江戸時代の天明年間、そして金印の発見も同じ天明年間だ。はたして偶然なのか。金印が単独で出るのは不自然だし、口上書も何か歯切れが悪い。それらを考慮すれば、鑓溝王墓にあった金印が何らかの理由で志賀島に再び埋められたとみてもおかしくはない、というのだ（久米 2005）。

 出土遺構が見つからない以上、どんな仮説であっても屋上屋を重ねた議論にしかならないけれど、あえて島という立地を選んだのには特別な意味があったに違いない。当時の北部九州を代表する二大勢力、伊都国と奴国の両方から見渡せる場所であることも関係しているのだろうか（常松 2012）。辺鄙どころか、東南アジアの例に照らせば、むしろ理想的な集荷集散地、つまり貿易センターとしての地理的条件を十分満たすとの見方さえあるのだから（大林 1986）。

 そして、その出自のあいまいさ。出土時はもとより、世に広く知れわたるまでの経緯もベールに包まれている。釈然としないことがあまりに多いのだ。

 まず、甚兵衛の素性がよくわからない。発見者や届け出者を別の人物とする史料まである。そこに福岡藩の二つの藩校、甘棠館と修猷館の軋轢も絡んで、話は推理小説もどきの色を帯びてくる。もはや口上書に信憑性はなく、架空の記録が仕立て上げられたとの説さえある（田中 2000）。このテーマは創作家の興味を引くらしく、お芝居にもなっているし、明石散人さんの小説『七つの金印』（2003）などは考証も詳細を極めていて実にスリリングだ。

 そこで登場するのが偽印説、贋作説である。発見間もないころか

ら金印への疑問視は提出されていたようで、断続的に現れては消える状況を繰り返してきた。ただ、中国雲南省の石寨山で同じ蛇鈕の「滇王之印」が見つかり、続いて江蘇省の甘泉2号墓でほぼ同時期かつ字体も似るとされる「広陵王璽」、さらに広東省で「文帝行璽」などの金印が発見されるに及んで、真贋論争の決着はついたかとも思われた。

ところが近年、古代文学研究者の三浦佑之さんや金工史の鈴木勉さんらが江戸時代に偽造された可能性を唱えて話題を呼び、火種は依然くすぶり続ける（三浦 2006、鈴木 2010b）。特に鈴木さんはマトリックス図法と呼ばれる手法を駆使し、印面の文字がどのように彫られたかという技術的側面から金印を分析。腰取りたがねという道具の使用や印面の地の部分と溝の幅の比率などをもとに、偽印の可能性をはじき出した。また、真印説を支える決定的な根拠とされてきた、印面の辺長平均2.347センチという寸法が漢代の印制に合致する事実（岡崎 1968b）にさえ、これだけでは必要十分条件を満たさないとの声が出ている。

もちろん、蛇鈕は「滇王之印」が見つかる1950年代までほとんど知られていなかったのだから江戸時代につくれるはずがない、つまり近年の研究でようやくわかった情報を知らなければとても再現なんてできない、などと反論は多い。もし漢印の知識を得ようとすれば『漢旧儀』あたりからと思われるが、そこにある亀鈕や駱駝鈕ではなく、蛇鈕が選ばれたのはなぜなのか。「委」の文字も、偽作するなら『後漢書』にしたがって「倭」にするのが自然だし、「王朝名＋民族名＋部族名＋官職名」という印文の並びも当時のルールにかなう（高倉 2007）。寺沢薫さんは鈴木勉さんが提示したマトリックス図の読み取り自体に誤算があって、むしろ図からは真印で

あることの信憑性さえ浮かぶという（寺沢 2015）。石川日出志さんは蛇鈕の類型化や字形の観察など、実物に即した綿密かつ多角的な検討を通じて偽造説を否定する（石川 2014・2015）。

そんななか、ユニークな着眼点が注目を集めている。あの特徴的なヘビのつまみはもともとラクダだったのでは、というのだ。

金印の特徴はなんといっても蛇鈕であること。ヘビが後ろ向きに鎌首をもたげてとぐろを巻き、表面には粒状の魚子がいくつも施されている。古代中国の歴代王朝は、周囲の異民族が貢ぎ物を持って使節を送ってくると主従の証として印鑑を与えた。それは、中国を中心とした古代アジア世界における国際的な身分を保証するものでもあった。

印のつまみは、それぞれ各勢力が住む風土を反映するという。たとえば、北や西の草原地帯の民ならラクダや馬、湿潤気候の南方ならヘビ、といった具合だ。細かくみれば、モチーフになった動物は各勢力の出自よりも生活様式に規定されたという意見や（梶山 1989）、華北にも蛇鈕が存在した可能性を指摘する声もあって（金子 1992）、そう単純に割り切れないようだが、大きくとらえれば、北の遊牧民や砂漠の民が常に生活を共にした馬やラクダ、あるいは羊、南の農耕民なら水とゆかりの深いヘビ、といった一般的なイメージと著しい齟齬はない。中国南方の内陸部、緑豊かな照葉樹林帯の雲南地方にあった滇国に贈られた「滇王之印」も確かに蛇鈕だ。

ところが志賀島の金印、福岡市の大塚紀宜さんにいわせれば、何かがおかしい。たとえば、つまみの両側にある不自然な出っ張り。ヘビに必要だろうか。よくみると鱗で覆われているはずの表面に、なぜか線状の彫りもみえるという。そういわれてみれば、全体的に

図52 駱駝鈕の銅印（「漢廬水伯長」印伝・中国）

稚拙というか、ヘビの形に無理があるようにも思えてくる。もしかして左右の張り出しはラクダの脚の痕跡では？　駱駝鈕にみられる首と胴を区別する溝もあるようだ。線状の彫りは体毛の表現の名残ではないか。もともと駱駝鈕だったとすると、その形は後漢代の型式変遷と矛盾しない。そうして導かれた結論は、最初はラクダだったつまみを急いでヘビにつくり替えた、つまり、つまみの改変である（大塚 2008）。

　中国の史書は、倭国や倭人の居住地を「楽浪海中」（『漢書』地理志）とか「帯方の東南大海の中」（倭人伝）、「韓の東南大海の中」（『後漢書』倭伝）などと伝える。いずれも朝鮮半島近くの海上にあったとの理解だ。紀元前の地理書『山海経』には「蓋国は鉅燕の南、倭の北に在り、倭は燕に属す」とある。もし「蓋国」を穢（濊）と理解してよければ（木村 1998）、漠然とながらも、倭はやはり朝鮮半島以南あたりに認識されていたとみてよいだろう。ならば、はるか南方よりむしろ北方地域に近いといえないこともない。大塚説を支持する石川日出志さんによると、中国王朝が東夷諸族に与えた印は駱駝鈕が多いという。奴国も東夷伝に登場するわけだから、東夷の一員として駱駝鈕が用意されたとしても不自然ではない。ところが、『後漢書』倭伝の建武中元２年の奉貢朝賀記事に、

「倭奴国」は「倭国の極南界」と出てくる。この不整合こそが、駱駝鈕から蛇鈕への再加工を促した理由だったとみるのだ（石川2015）。

　外交的にも最重要な印章を、いくら認識が間違っていたからといって急ごしらえで改変することがありうるのかどうか。それを検討するには、当時の倭国に対する中国側の位置づけがどの程度だったかという問題を抜きには語れない。

　のちの倭人伝の時代ともなれば、西の大国である大月氏王と天秤にかけ、遠交近攻策のもとで卑弥呼に「親魏倭王」という破格の処遇が与えられたとしても別におかしくない。けれど、200年ほどさかのぼる奴国の遣使段階ではどうだろう。中国側は倭人を、東夷の一蛮族が使いを送ってよこした程度にしか考えていなかったかもしれない。当時の倭人は印影の意味を解することなどできなかったのでそこに本来の文書外交の機能はなく、携帯者の身分を保証するほどの役割しか持ち合わせていなかった、との考えさえあるくらいだ（梶山1993）。極論すれば、誤解が判明しても、どうせ倭人は印章の意味もわからないのだから、まあ、あり合わせのものをつくり替えておく程度でいいだろう、といったところか。もちろん、金印を文書外交の論拠に挙げて中国の冊封体制が及んでいたとする見方は強いし、実際のところはわからないが、もしそうなら、我々の祖先もずいぶん侮られたものだ。

　仮に大塚紀宜さんの推測が正しくて、贈り手の後漢王朝自身が駱駝鈕を蛇鈕につくり替えたとなると、金印は中国で製作されたことになるから、結果的に真印説を補強する。もし後世に蛇鈕の偽物をつくろうとしたら、こんな不格好なヘビではなくて、もっとリアルなヘビを最初からつくった方が合理的ではないか、との見方ももっ

ともだ。

　衝撃的な説だけに、今後異論も出るだろう。蛇鈕の表面を覆う鱗状の魚子は鋳造時からあったとの指摘もあり、もしそうならラクダに不要な表現が最初から存在したことになる。新説の登場は金印論争を決着に導くか、それともますます混迷にいざなうか。行方に注目しよう。

「邪馬台国論争」とは何なのか
――あとがきにかえて――

　まったく、邪馬台国とは幻のようなものだ。その探求の旅には誰もが参加でき、知的で実に楽しい。日曜画家とか日曜作曲家などと並んで日曜歴史家があるとすれば、それは万人に開かれた稀有な学問分野ゆえではないか。

　日本人の歴史好きはよくいわれるところ。知的な刺激を身近に探すなら、古代史や考古学はもってこいだ。なかでも邪馬台国は代表格。よりどころとなる倭人伝はたった2000字ほどに過ぎないのに、いや、たった2000字だからこそ、自由な解釈を誰もが提起できる。それこそが邪馬台国論争の醍醐味に違いない。その背景にある不思議な求心力を、わずかな皮肉を込めて「ローマン主義的関心」と呼んだ人もいるが（鬼頭 1986）、無味乾燥な純学問的手続きのみに頼らない多彩なアプローチが、邪馬台国という素材をますます魅力的なものにしているようだ。

　ただ、それが昂じるあまり感情論も横行し、残念ながら建設的な議論を阻害する風潮がないとはいえない。自説の正当性に固執して他人の考えにまったく耳を傾けず、ときには激しく批判する。相手のみえないインターネット時代、そんな傾向がますます強まっている気がする。人々を狂気に駆り立てる魔性が、邪馬台国には潜むらしい。熱くなるのは結構だが、独善的な押しつけや批判のための批判はますます自らを孤立させるだけで、邪馬台国の実像は蜃気楼のように遠のくばかりだ。

むろん 100 人いれば 100 人の邪馬台国論があっていい。そうでなければ健全とはいえない。文言の解釈、多様な切り口、たとえば数式などを駆使した立論もあり、なるほど、と思うこともある。それを言いっぱなしでなく、もっと学問的止揚をめざして生産的な議論に役立てられないものだろうか。

　かつて古代史分野の季刊雑誌に「発掘素描」というエッセーを連載していたことがある。最終号に邪馬台国論争を採り上げた（中村 2009）。興味のある方はぜひそちらをご覧いただきたいが、かなりの長文だったので、以下に大筋を要約する。

　まず、邪馬台国論争が人々を引きつける理由は、きわめてわかりやすい対決の構図、すなわち「九州 vs. 近畿」に代表される「二項対立」にあるのではないか。相対峙する勢力のぶつかり合いは人間の闘争心をくすぐる。九州説と近畿説がっぷり四つに組めば、いやがうえにもファン心理をかきたてる。野球やサッカーの応援と、どこか似ている。

　所在地候補だけではない。なにしろ役者がそろっている。邪馬台国と敵対する狗奴国、卑弥呼と卑弥弓呼、東京大学と京都大学、そしてアカデミズムと在野の歴史愛好家。あらゆるファクターが、対立する二者に収斂する。語弊をおそれずにいえば、ある種のゲーム感覚で、誰もがどちらかに与して参戦できたのだ。

　そしていま、邪馬台国論争は「二項対立」の時代から、無数の説が乱立する"戦国時代"に突入した。「われこそは正当な倭人伝の読解法である」と主張してやまない論考が並び立ち、たとえ他人からは珍奇にみえたとしても、唯我独尊、我田引水の論理が主張しあう、いわば「多項並立」の時代である。

　他人の意見など意に介さずに我が道を行く論調もあれば、徹底的

な無視、あるいは歯に衣着せぬ反発や非難の応酬などなど論者によって対応はさまざまだ。プロに対するアマチュアの、むき出しの闘争心も目立つように思う。いかに自説を印象づけるかに苦心し、"仮想敵国"を意識的に設定して反駁し、論破しようと努力する。それが一定の満足感を満たすとき、論者は溜飲を下げる。田中琢さんは、そんな努力を「検証」ではなく「説得」と呼んだ（田中1993）。至言であろう。その意味では、邪馬台国論争はもはや「論争」の形を呈していないというのが現実ではないか。

　邪馬台国論争が不幸だったのは、その大衆化を純粋な学術論争にまで昇華させることができなかった点にあると思う。専門家が本腰を入れるには、あまりにもメジャーになりすぎた。論争がポピュラーになればなるほど学界が手を出したがらない、すなわち「邪馬台国なんて専門家がやるものではない」といった風潮が蔓延してしまったのではなかろうか。健全であるべき論争の大衆化がアカデミズムの敬遠を招き、専門家の忌避という結果を導いたとしたら、こんなに不幸なことはない。

　邪馬台国論争の特徴はもうひとつ、特定地域の鼓舞、つまり郷土愛と深く結びついた点にある。近畿や九州はもちろん、東北、四国、関東、沖縄と、それこそ日本各地に候補地があり、それを地元の論者が支える。自分の土地に愛着を抱くのは当然で、そこに住んで研究を続ければ誰よりも詳しくなる。これこそが邪馬台国論争を活性化させているわけだし、「地方の時代」の考古学・古代史研究の正しいあり方といえるだろう。

　だが、一歩間違えば、それは地域ナショナリズムの発露と高揚を促す絶好の装置となる。郷土を愛せば愛すほど、いかに他者より優れた部分をたくさん発見できるかに苦心し始める。競争意識が募

り、その矛先が他地域との優劣関係の実証に向けられたとき、誇大な思いこみや排他主義が頭をもたげてくる。バランス感覚をなくした地域至上主義は、狭隘なパトリオティズムを生みかねない。それはもはや、深い真理を探究する学問の世界とは遠くかけ離れた次元の話になってしまう。邪馬台国論争はそんな危うさを常に内包していることを、私たちは忘れるべきではない。

少々辛口になってしまったが、邪馬台国の探求が、弥生時代から古墳時代への端境期の解明という、日本列島史上きわめて重要な位置を占めていることは間違いない。なかでも所在地論は、候補地が北部九州なのか近畿なのか、それともそれ以外の地なのかによって社会の成熟度や発展度合いが著しく変わるため、国家形成論とも密接にかかわってくる最重要課題である。すなわち、邪馬台国は無視して通り過ぎることができるテーマではないのだ。だからこそ、それがゆがんで学問的な損失につながることを、私は危惧する。

邪馬台国という古代史最大の謎は、日本列島史が時間の闇に失った最大のピースである。この空白を埋めるためには、感情論を超えた健全な議論が欠かせない。願わくば、立場を超えた人智が一堂に結集せんことを。

2016年4月

中 村 俊 介

参 考 文 献

赤塚次郎　2009『幻の王国・狗奴国を旅する―卑弥呼に抗った謎の国へ』風媒社
東　潮　2004「弁辰と加耶の鉄」『国立歴史民俗博物館研究報告』110、国立歴史民俗博物館
東　潮　2012『邪馬台国の考古学―魏志東夷伝が語る世界』角川学芸出版
石川日出志　2010『農耕社会の成立』岩波書店
石川日出志　2014「金印真贋論争の考古学的再検証」『第34回考古学研究会東京例会報告資料集』考古学研究会東京例会
石川日出志　2015「金印（真贋）論争終結宣言―複眼的資料論から」『シンポジウム　金印論争終結？』レジュメ、福岡市博物館
石黒直隆　2009「DNA分析による弥生ブタ問題」『弥生時代の考古学5　食糧の獲得と生産』同成社
石黒直隆　2012「動物遺存体の古DNA分析」『月刊考古学ジャーナル』633、ニューサイエンス社
石野博信　2010『弥生興亡　女王・卑弥呼の登場』文英堂
石野博信　2011「『邪馬台国九州説はありえない』か」『研究最前線　邪馬台国―いま、何が、どこまで言えるのか』朝日新聞出版
市毛　勲　1998『新版　朱の考古学』雄山閣
今尾文昭　1993「古墳と鏡」『季刊考古学』43、雄山閣
今尾文昭　1998「配列の意味」『古墳時代の研究』8、雄山閣
今津節生・南武志　2006「福岡県前原市域出土朱のイオウ同位体比」『三雲・井原遺跡―県道瑞梅寺池田線拡幅工事に伴う文化財調査報告書』前原市教育委員会
岩永省三　1997『歴史発掘7　金属器登場』講談社
宇垣匡雅　2013「特殊器台・特殊器台形埴輪編年に関する一考察」『日本考古学』36、日本考古学協会
宇野隆夫　2005「特論　船」『列島の古代史4　人と物の移動』岩波書店
瓜生秀文　2012「文献史料における『斯馬国』」『伊都国の研究』学生社

袁　靖　2002「家畜」『東アジアと日本の考古学』Ⅳ、同成社
大賀克彦　2006「「碧玉」製玉類の生産と流通」『季刊考古学』94、雄山閣
大谷光男　1974『研究史　金印』吉川弘文館
大谷光男　2014『金印再考—委奴国・阿曇氏・志賀島』雄山閣
大塚紀宜　2008「中国古代印章に見られる駝鈕・馬鈕の形態について」『福岡市博物館研究紀要』18、福岡市博物館
大庭　脩　1971『親魏倭王』学生社
大庭　脩　1993「邪馬台国論—中国史からの視点」『新版［古代の日本］1　古代史総論』角川書店
大庭　脩　1999「魏は邪馬台国をどうみたか」『卑弥呼は大和に眠るか』文英堂
大林太良　1977『邪馬台国—入墨とポンチョと卑弥呼』中央公論社
大林太良　1986「古代航海民の活躍」『日本の古代3　海をこえての交流』中央公論社
大林太良　1994「邪馬台国東遷論におけるプルとプッシュ」『邪馬台国は東遷したか』三一書房
近江俊秀　2010「道路遺構の意義と保存・活用」『月刊文化財』560、第一法規
岡崎　敬　1956「日本における初期鉄製品の問題—壱岐ハルノツジ・カラカミ遺跡発見資料を中心として」『考古学雑誌』42-1、日本考古学会
岡崎　敬　1968a「倭の水人—壱岐島弥生時代遺跡発見の鯨骨製品とその伝統」『金関丈夫博士古稀記念　日本民族と南方文化』平凡社
岡崎　敬　1968b「『漢委奴国王』金印の測定」『史淵』100、九大史学会
岡田英弘　1977『倭国—東アジア世界の中で』中央公論社
岡村秀典　1993「福岡県平原遺跡出土鏡の検討」『季刊考古学』43、雄山閣
岡村秀典　1999『三角縁神獣鏡の時代』吉川弘文館
岡本健一　1987a「『景初四年』鏡の行方」『東アジアの古代文化』51、大和書房
岡本健一　1987b「前方後円墳と蓬莱山—壺のシンボリズム」『東アジアの古代文化』52、大和書房
岡本健一　1995『邪馬台国論争』講談社
岡本健一　2010「卑弥呼の最期—邪馬台国問題の解決に向けて」『坪井清足先生卒寿記念論文集—埋文行政と研究のはざまで』坪井清足先生の卒寿

をお祝いする会
置田雅昭　2005「威風堂々の古墳船」『月刊考古学ジャーナル』536、ニューサイエンス社
奥野正男　1990『邪馬台国は古代大和を征服した』JICC 出版局
奥野正男　1994「邪馬台国東遷の考古学的・神話伝承学的根拠」『邪馬台国は東遷したか』三一書房
小澤　毅　2005「古代都市」『列島の古代史3　社会集団と政治組織』岩波書店
小澤智生　2000「縄文・弥生時代に豚は飼われていたか？」『季刊考古学』73、雄山閣
小田富士雄　1987「初期筑紫王権形成史論―中国史書にみえる北部九州の国々」『東アジアの考古と歴史　岡崎敬先生退官記念論集』中、同朋舎出版
乙益重隆　1987「邪馬台国所在地論」『論争・学説　日本の考古学1　総論』雄山閣
梶山　勝　1989「漢魏晋代の蛮夷印の用法―西南夷の印を中心として」『古文化談叢』21、九州古文化研究会
梶山　勝　1993「『漢委奴國王』金印と弥生時代の文字」『古文化談叢』30〈上〉九州古文化研究会
片岡宏二　1999『弥生時代　渡来人と土器・青銅器』雄山閣
片岡宏二　2001「海峡を往来する人と土器―壱岐原の辻遺跡出土の擬朝鮮系無文土器を中心に」『山中英彦先生退職記念論文集　勾玉』山中英彦先生退職記念論文集刊行会
片岡宏二　2006『弥生時代　渡来人から倭人社会へ』雄山閣
片岡宏二　2010「原始・古代社会と鹿信仰の変遷」『比較考古学の新地平』同成社
片岡宏二　2011『邪馬台国論争の新視点―遺跡が示す九州説』雄山閣
金関丈夫　2006「むなかた」『発掘から推理する』岩波書店（初出は『九州文学』1965年1月号）
金関　恕　1986「呪術と祭」『岩波講座　日本考古学4　集落と祭祀』岩波書店
金関　恕　1998a「都市の出現」『古代史の論点3　都市と工業と流通』小学館

金関　恕　1998b「都市の成立―西と東」『考古学研究』179、考古学研究会
金関　恕　1999「大和東大寺山古墳と黒塚古墳の被葬者」『卑弥呼誕生―畿内の弥生社会からヤマト政権へ』東京美術
金関　恕　2001「弥生時代集落分析の視点」『弥生時代の集落』学生社
金関　恕　2004『弥生の習俗と宗教』学生社
金関　恕　2010「東大寺山古墳と中平銘鉄刀」『東大寺山古墳と謎の鉄刀』雄山閣
金関恕・大阪府立弥生文化博物館編　1995『弥生文化の成立―大変革の主体は「縄紋人」だった』角川書店
金子修一　1992「蛇鈕印の謎」『新版［古代の日本］2　アジアからみた古代日本』角川書店
金子浩昌　1980「弥生時代の貝塚と動物遺存体」『三世紀の考古学　上　三世紀の自然と人間』学生社
鬼頭清明　1986「邪馬台国論争と考古学」『岩波講座　日本考古学 7　現代と考古学』岩波書店
木下尚子　1996『南島貝文化の研究―貝の道の考古学』法政大学出版局
木村幾多郎　2003「縄文時代の日韓交流」『東アジアと日本の考古学』Ⅲ、同成社
木村　誠　1998「倭人の登場と東アジア」『古代を考える　邪馬台国』吉川弘文館
金　文京　2005『中国の歴史 4　三国志の世界』講談社
久住猛雄　1999「弥生時代終末期『道路』の検出」『九州考古学』74、九州考古学会
久住猛雄　2006「北部九州における弥生時代の特定環溝区画と大型建物の展開」『日本考古学協会 2003 年度滋賀大会シンポジウム 1　弥生の大型建物とその展開』サンライズ出版
久住猛雄　2007「『博多湾貿易』の成立と解体―古墳時代初頭前後の対外交易機構」『考古学研究』212、考古学研究会
久住猛雄　2008「福岡平野　比恵・那珂遺跡群―列島における最古の『都市』」『弥生時代の考古学 8　集落からよむ弥生社会』同成社
久住猛雄　2012「奴国とその周辺」『季刊考古学・別冊 18　邪馬台国をめぐる国々』雄山閣
久保和士・松井章　1999「家畜その 2―ウマ・ウシ」『考古学と自然科学 2

考古学と動物学』同成社

久米雅雄　1983「金印奴国説への反論」『藤澤一夫先生古稀記念　古文化論叢』古代を考える会・藤澤一夫古稀記念論集刊行会

久米雅雄　2005「国宝金印「漢委奴国王」の読み方と志賀島発見の謎」『立命館大学考古学論集』Ⅳ、立命館大学考古学論集刊行会

久米雅雄　2010「福岡県三雲遺跡出土刻書土器の文字学的検討―伊都国祭祀の一断面」『立命館大学考古学論集』Ⅴ、立命館大学考古学論集刊行会

黄　當時　2013『悲劇の好字―金印「漢委奴国王」の読みと意味』不知火書房

甲元眞之　1994「鳥装のシャーマン」『先史学・考古学論究』Ⅱ、龍田考古会（『日本の初期農耕文化と社会』〈2004、同成社〉に再録）

国分直一　1992『北の道　南の道―日本文化と海上の道』第一書房

小路田泰直　2001『「邪馬台国」と日本人』平凡社

後藤　直　1986「「漢委奴国王」金印研究論」『論争・学説　日本の考古学4　弥生時代』雄山閣

小林青樹　2008「盾と戈をもちいた儀礼」『弥生時代の考古学7　儀礼と権力』同成社

小山田宏一　2003『シンポジウム　三角縁神獣鏡』（討論での発言）学生社

近藤喬一　1988『UP考古学選書4　三角縁神獣鏡』東京大学出版会

佐伯有清　1971『研究史　邪馬台国』吉川弘文館

佐伯有清　1972『研究史　戦後の邪馬台国』吉川弘文館

佐伯有清　2006『邪馬台国論争』岩波書店

佐古和枝　2003「「倭国」の領域」『初期古墳と大和の考古学』学生社

佐古和枝　2012「狗奴国―九州説の場合」『季刊考古学・別冊18　邪馬台国をめぐる国々』雄山閣

佐々木憲一　2007「国家形成と都市」『都城　古代日本のシンボリズム』青木書店

佐々木高明　1993『日本文化の基層を探る―ナラ林文化と照葉樹林文化』日本放送出版協会

佐原　真　1997『歴博ブックレット　魏志倭人伝の考古学』歴史民俗博物館振興会

佐原真・春成秀爾　1997『歴史発掘5　原始絵画』講談社

塩屋勝利　1985「金印出土状況の再検討」『福岡市立歴史資料館研究報告』

9、福岡市立歴史資料館
志賀智史　2008「前期前方後円（方）墳から出土するベンガラの地域性に関する研究」『日本文化財科学会第25回大会研究発表要旨集』日本文化財科学会
設楽博己　2010「弥生絵画と方相氏」『史学雑誌』119-9、史学会
設楽博己　2013「日本における国家形成期の辟邪思想と中華思想─方相氏と鼺面の絵画から」『日本考古学協会第79回総会研究発表要旨』日本考古学協会
七田忠昭　2005『日本の遺跡2　吉野ヶ里遺跡─復元された弥生大集落』同成社
下澤公明　2005「上東遺跡波止場状遺構の再検討」『古文化談叢』52、九州古文化研究会
下條信行　1998「倭人社会の生活と文化」『古代を考える　邪馬台国』吉川弘文館
下條信行　2000「青銅製武器の伝播と展開」『考古学による日本歴史6　戦争』雄山閣
下條信行　2002「北東アジアにおける伐採石斧の展開─中国東北・朝鮮半島・日本列島を繋ぐ文化回路を巡って」『韓半島考古学論叢』すずさわ書店
白井克也　2001「勒島貿易と原の辻貿易─粘土帯土器・三韓土器・楽浪土器からみた弥生時代の交易」『第49回埋蔵文化財研究集会発表要旨　弥生時代の交易─モノの動きとその担い手』埋蔵文化財研究会
白石太一郎　2002「倭国誕生」『日本の時代史1　倭国誕生』吉川弘文館
白石太一郎　2013『日本歴史　私の最新講義07　古墳からみた倭国の形成と展開』敬文舎
菅谷文則　2013『海でつながる倭と中国─邪馬台国の周辺世界』（シンポジウムでの発言）新泉社
菅谷文則　2014「秦漢から曹魏の璽印─『漢官六種』による」『東アジア古文化論攷』1、中国書店
鈴木　勉　2008「『百練』と名付く─鉄官の改廃と鉄の流通」「百練鉄刀の使命─東大寺山古墳出土中平銘鉄刀論」『論叢　文化財と技術1　百練鉄刀とものづくり』雄山閣
鈴木　勉　2010a「技術移転論で読み解く中平銘鉄刀〈百練鉄刀の使命〉」

『東大寺山古墳と謎の鉄刀』雄山閣

鈴木　勉　2010b『「漢委奴国王」金印・誕生時空論―金石文学入門Ⅰ　金属印章篇』雄山閣

鈴木靖民　2004「文献からみた加耶と倭の鉄」『国立歴史民俗博物館研究報告』110、国立歴史民俗博物館

清家　章　2015『卑弥呼と女性首長』学生社

千田　稔　2000『邪馬台国と近代国家』日本放送出版協会

千田　稔　2011「神武東征と邪馬台国東遷説」『邪馬台国と纒向遺跡』学生社

高木恭二・土野雄貴　2010「船団か、追葬刻か―数多く線刻された船の検討」『古文化談叢』65、九州古文化研究会

高倉洋彰　1991「失われた色彩と織物の世界」『MUSEUM　KYUSHU』37、博物館等建設推進九州会議

高倉洋彰　1995『金印国家群の時代―東アジア世界と弥生社会』青木書店

高倉洋彰　2007「漢の印制からみた『漢委奴國王』蛇鈕金印」『國華』1341、國華社

高島忠平　2011「近畿説はありえない」『研究最前線　邪馬台国―いま、何が、どこまで言えるのか』朝日新聞出版

高橋　徹　1994「桜馬場遺跡および井原鑓溝遺跡の研究―国産青銅器　出土中国鏡の型式学的検討をふまえて」『古文化談叢』32、九州古文化研究会

竹内晶子　1985「衣服」『弥生文化の研究』5、雄山閣

武末純一　1998「弥生環溝集落と都市」『古代史の論点3　都市と工業と流通』小学館

武末純一　2003「韓国・勒島のアワビおこし」『九州と東アジアの考古学―九州大学考古学研究室50周年記念論文集』上、九州大学考古学研究室50周年記念論文集刊行会

武末純一　2009「三韓と倭の交流―海村の視点から」『国立歴史民俗博物館研究報告』151、国立歴史民俗博物館

武末純一　2010「『倭国』の誕生」『日本の対外関係1　東アジア世界の成立』吉川弘文館

武末純一　2011「九州北部地域」『講座日本の考古学5　弥生時代（上）』青木書店

武末純一　2013a「弥生時代の権—青谷上寺地遺跡例を中心に」『福岡大学考古学論集』2、福岡大学考古学研究室
武末純一　2013b「韓国蔚山地域の弥生系土器」『弥生時代政治社会構造論』雄山閣
武田佐知子　2000「男装の女王・卑弥呼」『古代史の論点2　女と男、家と村』小学館
田尻義了　2009「弥生時代巴形銅器の生産と流通—九州大学筑紫地区出土巴形銅器鋳型と香川県森広天神遺跡出土巴形銅器の一致」『考古学雑誌』93-4、日本考古学会
辰巳和弘　1999「卑弥呼の館とその祭りとは」『卑弥呼は大和に眠るか』文英堂
辰巳和弘　2002『古墳の思想—象徴のアルケオロジー』白水社
田中弘之　2000「『漢委奴国王』金印の出土に関する一考察—亀井南冥の動静を中心に」『駒沢史学』55、駒沢史学会
田中　琢　1985「日本列島出土の銅鏡」『三角縁神獣鏡の謎—日中合同古代史シンポジウム』角川書店
田中　琢　1993「倭の奴国から女王国へ」『岩波講座　日本通史』2、岩波書店
田中良之　1995『古墳時代親族構造の研究—人骨が語る古代社会』柏書房
田辺　悟　1987「海人の伝承文化」『日本の古代8　海人の伝統』中央公論社
辻田淳一郎　2007『鏡と初期ヤマト政権』すいれん舎
都出比呂志　1989「前方後円墳の誕生」『古代を考える　古墳』吉川弘文館
都出比呂志　1997「都市の形成と戦争」『考古学研究』174、考古学研究会
都出比呂志　1998「弥生環濠集落は都市にあらず」『日本古代史都市と神殿の誕生』新人物往来社
都出比呂志　2011『古代国家はいつ成立したか』岩波書店
常松幹雄　2006「鹿と鉤の廻廊」『原始絵画の研究　論考編』六一書房
常松幹雄　2007「ヒョウタン形土器の出現とその背景」『倭人の海道—一支国と伊都国』図録、伊都国歴史博物館
常松幹雄　2012「伊都国における厚葬墓出現の意義」『伊都国の研究』学生社
常松幹雄　2013「弥生土器の東漸」『弥生時代政治社会構造論』雄山閣

常松幹雄　2015「奴国発掘」『季刊邪馬台国』127、梓書院
寺澤　薫　1998「集落から都市へ」『古代国家はこうして生まれた』角川書店
寺沢　薫　2000『日本の歴史02　王権誕生』講談社
寺沢　薫　2015「『漢委奴国王』金印贋作論の顛末」『同志社大学考古学シリーズⅪ　森浩一先生に学ぶ　森浩一先生追悼論集』同志社大学考古学シリーズ刊行会
寺村光晴　1981「玉」『三世紀の考古学　中　三世紀の遺跡と遺物』学生社
寺村光晴　1990「タマの道―タマからみた弥生時代の日本海」『海と列島文化』1、小学館
東野治之　2008「金象嵌銘花形飾環頭大刀の銘文」『東京国立博物館所蔵重要考古資料学術調査報告書　重要文化財　東大寺山古墳出土　金象嵌銘花形飾環頭大刀』同成社
富岡直人　2011「イノシシとブタ論争を博多に探る」『新修　福岡市史　資料編　考古3　遺物からみた福岡の歴史』福岡市
冨谷　至　2012『四字熟語の中国史』岩波書店
中尾篤志　2005「鯨骨製アワビオコシの拡散とその背景―原の辻遺跡出土資料の紹介を兼ねて」『西海考古』6、西海考古同人会
中橋孝博　2005『日本人の起源』講談社
中村俊介　2009「発掘素描　邪馬台国論争私見―メディアの立場から所在地論はどう見えるか？」『東アジアの古代文化』137、大和書房
中村慎一　2002「弥生文化と中国の初期稲作文化」『古代を考える　稲・金属・戦争―弥生』吉川弘文館
奈良県立図書情報館編　2011『邪馬台国と纒向遺跡』学生社
新美倫子　2009「弥生文化の家畜飼育」『弥生時代の考古学5　食糧の獲得と生産』同成社
西嶋定生　1994『邪馬台国と倭国―古代日本と東アジア』吉川弘文館
西谷　正　2009『魏志倭人伝の考古学―邪馬台国への道』学生社
西谷　正　2011a「東アジアのクレタ島―壱岐島」『九州歴史資料館研究論集』36、九州歴史資料館
西谷　正　2011b「東遷説はありえない」『研究最前線　邪馬台国―いま、何が、どこまで言えるのか』朝日新聞出版
西谷　正　2012「『企救』国の想定」『（財）北九州市芸術文化振興財団研究

紀要』26、北九州市芸術文化振興財団埋蔵文化財調査室
西谷　正　2013「『胸形』国の可能性」『九州歴史資料館研究論集』38、九州歴史資料館
西本豊弘　1991「弥生時代のブタについて」『国立歴史民俗博物館研究報告』36、国立歴史民俗博物館
仁藤敦史　2004「ヤマト王権の成立」『日本史講座1　東アジアにおける国家の形成』東京大学出版会
仁藤敦史　2009『卑弥呼と台与—倭国の女王たち』山川出版社
布目順郎　1985「麻と絹」『弥生文化の研究』5、雄山閣
布目順郎　1995『倭人の絹—弥生時代の織物文化』小学館
禰冝田佳男　1998「石器から鉄器へ」『古代国家はこうして生まれた』角川書店
禰冝田佳男　2010「明石川流域の弥生時代集落」『坪井清足先生卒寿記念論文集—埋文行政と研究のはざまで』坪井清足先生の卒寿をお祝いする会
橋口達也　1987「聚落立地の変遷と土地開発」『岡崎敬先生退官記念論集　東アジアの考古と歴史』中、同朋舎出版
橋口達也　2007『弥生時代の戦い—戦いの実態と権力機構の生成』雄山閣
埴原和郎　1995『日本人の成り立ち』人文書院
春成秀爾　1991「角のない鹿—弥生時代の農耕儀礼」『日本における初期弥生文化の成立　横山浩一先生退官記念論文集』Ⅱ、横山浩一先生退官記念事業会
春成秀爾　1993「豚の下顎骨懸架—弥生時代における辟邪の習俗」『国立歴史民俗博物館研究報告』52、国立歴史民俗博物館
春成秀爾　2003「弥生早・前期の鉄器問題」『考古学研究』199、考古学研究会
春成秀爾　2006「弥生時代と鉄器」『国立歴史民俗博物館研究報告』133、国立歴史民俗博物館
春成秀爾　2007『儀礼と習俗の考古学』塙書房
春成秀爾　2011『祭りと呪術の考古学』塙書房
春成秀爾　2014「特殊器台と箸墓古墳」『第34回考古学研究会東京例会報告資料集』考古学研究会東京例会
平尾和久　2007「破砕鏡と破鏡の時期的変遷とその認識」『伊都国歴史博物館紀要』2、伊都国歴史博物館

平川　南　2004「古代日本の文字世界」『世界の考古学22　文字の考古学Ⅱ』同成社
平川　南　2014『出土文字に新しい古代史を求めて』同成社
平野邦雄　2002『邪馬台国の原像』学生社
広瀬和雄　1997『縄紋から弥生への新歴史像』角川書店
広瀬和雄　1998「弥生都市の成立」『考古学研究』179、考古学研究会
深澤芳樹　2005「港の出現と弥生船団」『月刊考古学ジャーナル』536、ニューサイエンス社
福永伸哉　2001『大阪大学新世紀セミナー　邪馬台国から大和政権へ』大阪大学出版会
福永光司　1996『「馬」の文化と「船」の文化―古代日本と中国文化』人文書院
藤尾慎一郎　2011『〈新〉弥生時代―五〇〇年早かった水田稲作』吉川弘文館
藤田三郎　2006「絵画土器の見方小考―手を挙げる人物と盾・戈を持つ人物」『原始絵画の研究　論考編』六一書房
藤田三郎・辰巳和弘　1998「古代絵画にみるシンボリズム」『考古学による日本歴史12　芸術・学芸とあそび』雄山閣
藤丸詔八郎　1993「破鏡の出現に関する一考察―北部九州を中心にして」『古文化談叢』30〈上〉、九州古文化研究会
古澤義久　2010「壱岐における韓半島系土器の様相」『第59回埋蔵文化財研究集会発表要旨　日本出土の朝鮮半島系土器の再検討―弥生時代を中心に』埋蔵文化財研究会
古澤義久　2011「東北アジアからみた原の辻遺跡出土中国貨幣の諸様相」『長崎県埋蔵文化財センター研究紀要』1、長崎県埋蔵文化財センター
北條芳隆　2000「前方後円墳と倭王権」『古墳時代像を見なおす―成立過程と社会変革』青木書店
本田光子　1988「弥生時代の墳墓出土赤色顔料―北部九州地方に見られる使用と変遷」『九州考古学』62、九州考古学会
本田光子　1996「古墳時代の赤色顔料」『考古学と自然科学』31・32（合併号）、日本文化財科学会
松井　章　1990「家畜と牧―馬の生産」『古墳時代の研究』4、雄山閣
松井　章　2005「狩猟と家畜」『列島の古代史2　暮らしと生業』岩波書店

松木　哲　1986「船と航海を推定復原する」『日本の古代 3　海をこえての交流』中央公論社

松木武彦　2007『日本の歴史 1　列島創世記』小学館

松木武彦　2011「古墳出現前後のキビとヤマト」『ヤマト王権はいかにして始まったか』学生社

松木武彦　2015「3 世紀の武器とキビ」『大集結 邪馬台国時代のクニグニ』青垣出版

松下孝幸　1994『日本人と弥生人―その謎の関係を形質人類学が明かす』祥伝社

松本清張　1976『邪馬台国―清張通史①』講談社

丸山雍成　2009『邪馬台国　魏使が歩いた道』吉川弘文館

三浦佑之　2006『金印偽造事件―「漢委奴國王」のまぼろし』幻冬舎

三品彰英　1970『邪馬台国研究総覧』創元社

水野正好　2006「倭国女王卑弥呼の王都と大和」『三角縁神獣鏡・邪馬台国・倭国』新泉社

水野　祐　1994『日本古代国家』〈復刻版〉　紀伊國屋書店

南　武志　2008「遺跡出土朱の起源」『地学雑誌』117-5、東京地学協会

南武志ほか　2004「中国貴州省と湖南省辰砂鉱石のイオウ同位対比測定」『考古学と自然科学』46、日本文化財科学会

宮﨑貴夫　2008『日本の遺跡 32　原の辻遺跡』同成社

宮本一夫　2009『農耕の起源を探る―イネの来た道』吉川弘文館

宮本一夫　2012「北部九州の鉄器生産と流通」『日本考古学協会 2012 年度福岡大会　研究発表資料集』日本考古学協会 2012 年度福岡大会実行委員会

村井章介　1993『中世倭人伝』岩波書店

村上恭通　1998『倭人と鉄の考古学』青木書店

村上恭通　2000「鉄と社会変革をめぐる諸問題―弥生時代から古墳時代への移行に関連して」「鉄器生産・流通と社会変革―古墳時代の開始をめぐる諸前提」『古墳時代像を見なおす―成立過程と社会変革』青木書店

村上恭通　2007『古代国家成立過程と鉄器生産』青木書店

籾山　明　2011「金印と冊封体制―漢代史研究の視点から」『弥生時代の考古学 3　多様化する弥生文化』同成社

森岡秀人　1991「土師器の移動（西日本）」『古墳時代の研究』6、雄山閣

森岡秀人　1998「年代論と邪馬台国論争」『古代史の論点4　権力と国家と戦争』小学館
森　浩一　2010『倭人伝を読みなおす』筑摩書房
森　博達　1985「『倭人伝』の地名と人名」『日本の古代1　倭人の登場』中央公論社
森本幹彦　2010「今宿五郎江遺跡の成立とその背景―弥生時代後半期の環濠集落とその対外交流の様相」『福岡考古』22、福岡考古懇話会
柳田康雄　1996「平原墳墓の意味」『考古学による日本歴史5　政治』雄山閣
柳田康雄　2000『伊都国を掘る―邪馬台国に至る弥生王墓の考古学』大和書房
柳田康雄　2002『九州弥生文化の研究』学生社
柳田康雄　2013「弥生時代王権論」『弥生時代政治社会構造論』雄山閣
山尾幸久　1986『新版・魏志倭人伝』講談社
山中英彦　2007「『博多湾貿易』を支えた古代海人」『古文化談叢』57、九州古文化研究会
山中英彦　2010「忘れられたアワビオコシ」『比較考古学の新地平』同成社
吉田　広　2009「青銅器の形態と技術―武器形青銅器を中心に」『弥生時代の考古学6　弥生社会のハードウェア』同成社
吉田　広　2011「武器形祭器」『講座日本の考古学6　弥生時代』下、青木書店
依田千百子　1987「古代朝鮮の祭儀と信仰」『日本の古代13　心のなかの宇宙』中央公論社
若井敏明　2010『邪馬台国の滅亡―大和王権の征服戦争』吉川弘文館
若井敏明　2015「北九州の視点から邪馬台国を探る」『古代史研究の最前線　邪馬台国』洋泉社
渡邉正氣　2001「『魏志倭人伝』の「卑彌呼以死」の読みについて」『日本考古学協会第67回総会研究発表要旨』日本考古学協会
渡辺　誠　1995「韓国の蘇塗と弥生時代の鳥形木製品」『古墳文化とその伝統』勉誠社
渡邉義浩　2012『魏志倭人伝の謎を解く―三国志から見る邪馬台国』中央公論新社

写真提供所蔵・出典一覧

図1：福岡市博物館所蔵
図2：糸島市立伊都国歴史博物館提供
図3：九州歴史資料館所蔵
図4・カバー写真・帯右側：佐賀県立博物館所蔵
図5：奈良県立橿原考古学研究所附属博物館所蔵
図6：写真は鳥取県埋蔵文化財センター提供、実測図は『鳥取県教育文化財団調査報告書74 青谷上寺地遺跡4』第333図482（湯村功編、財団法人鳥取県教育文化財団、2002年）より転載
図7：長崎県教育委員会提供
図8：長崎県教育委員会提供
図9：朝日新聞社提供
図10・カバー写真：朝日新聞社提供
図11：春日市教育委員会提供
図12・カバー写真：春日市教育委員会提供
図13：朝日新聞社提供
図14：朝日新聞社提供
図15：九州大学総合研究博物館所蔵、『土井ヶ浜遺跡と弥生人』（土井ヶ浜遺跡・人類学ミュージアム編、2003年改訂版）より転載
図16：滋賀県立近代美術館所蔵
図17：大阪府立弥生文化博物館提供
図18：朝日新聞社提供
図19・カバー写真：朝日新聞社提供
図20・カバー写真：桜井市教育委員会所蔵
図21：福岡市埋蔵文化財センター所蔵
図22：朝日新聞社提供
図23：岡山大学考古学研究室所蔵
図24・カバー写真：桜井市教育委員会所蔵
図25：大分県教育庁埋蔵文化財センター提供

図 26：岡山市教育委員会提供
図 27：唐津市教育委員会所蔵
図 28：朝日新聞社提供
図 29：岡山県古代吉備文化財センター提供
図 30：善通寺市教育委員会所蔵
図 31・帯左側：安城市歴史博物館所蔵
図 32：糸島市立伊都国歴史博物館提供
図 33：『東京国立博物館所蔵　重要考古資料学術調査報告書　重要文化財東大寺山古墳出土　金象嵌銘花形飾環頭大刀』（東京国立博物館・九州国立博物館編、同成社、2008 年）より転載
図 34・カバー写真：奈良県立橿原考古学研究所提供・阿南辰秀氏撮影
図 35・カバー写真：奈良県立橿原考古学研究所提供・阿南辰秀氏撮影
図 36：糸島市立伊都国歴史博物館提供・松岡史氏撮影
図 37・カバー写真：糸島市立伊都国歴史博物館提供・国宝　国（文化庁）保管
図 38：朝日新聞社提供
図 39・カバー写真：大阪府立弥生文化博物館提供・出合明氏撮影
図 40：福岡市埋蔵文化財センター所蔵
図 41：福岡市埋蔵文化財センター所蔵
図 42：朝日新聞社提供
図 43：朝日新聞社提供
図 44：『大漢和辞典』（大修館書店）より転載
図 45：佐賀県立博物館所蔵
図 46：桜井市教育委員会所蔵
図 47：福岡市埋蔵文化財センター所蔵
図 48・カバー写真：福岡市博物館所蔵
図 49：福岡市博物館所蔵
図 50：福岡市博物館所蔵
図 51：朝日新聞社提供
図 52：福岡市博物館所蔵

執筆者紹介

中村俊介 (なかむら・しゅんすけ)

1965年、熊本市生まれ。
早稲田大学教育学部地理歴史専修卒業（中央アジア史・西域史専攻）。
朝日新聞社に入社し、新潟支局、西部本社社会部、同学芸部、東京本社文化部（旧・学芸部）などで考古学・歴史、文化財、世界遺産、伝統工芸などを担当。
現在、編集委員（西部本社）。日本考古学協会会員。
〔主要論著〕
『古代学最前線』（海鳥社、1998年）
『文化財報道と新聞記者』（吉川弘文館、2004年）
『世界遺産が消えてゆく』（千倉書房、2006年）
「考古学ジャーナリズムの功罪―複数の事例をもとにしたメディアからの文化財報道試論」『比較考古学の新地平』（同成社、2010年）
「曲がり角の世界文化遺産―登録物件の増加にともなう条約理念の変質」『遺跡学研究』8（2011年）
「考古学とマスメディア」『考古学研究会60周年記念誌 考古学研究60の論点』（2014年）
「メディアと埋蔵文化財行政―主に発掘報道におけるマスコミと地方自治体との健全な関係構築に向けて」『高野晋司氏追悼論文集』（同論文集刊行会、2015年）
「政治に翻弄される世界遺産―2015年，ドイツ（ボン）における第39回世界遺産委員会の報告」『考古学研究』247（2015年）

遺跡でたどる邪馬台国論争

2016年9月9日　初版発行

著　者　中　村　俊　介
発行者　山　脇　由　紀　子
印　刷　藤　原　印　刷㈱
製　本　協　栄　製　本㈱

発行所　東京都千代田区飯田橋4-4-8　㈱同成社
　　　　（〒102-0072）東京中央ビル
　　　　TEL　03-3239-1467　振替　00140-0-20618

©The Asahi Shimbun Company 2016. Printed in Japan
ISBN978-4-88621-733-2 C1021

===== 同成社の邪馬台国関連書 =====

日本の遺跡シリーズ

② 吉野ヶ里遺跡
——復元された弥生大集落——

七田忠昭著　　　　　　　　　四六判・198頁・本体1800円

テレビや雑誌などで大々的に報道され、邪馬台国との関連も注目されている吉野ヶ里遺跡。遺跡として無名の頃から調査に携わってきた著者が、最新の成果をふまえ平易に解説する。

㉜ 原の辻遺跡
——壱岐に甦る弥生の海の王都——

宮﨑貴夫著　　　　　　　　　四六判・174頁・本体1800円

魏志倭人伝に記載される一支国の王都であり、大陸との交流の拠点であった本遺跡について、集落の変遷をとらえつつ、その特性を解説する。

㊺ 唐古・鍵遺跡
——奈良盆地の弥生大環濠集落——

藤田三郎著　　　　　　　　　四六判・206頁・本体1800円

邪馬台国との関連で注目された楼閣の絵を含む多数の絵画土器や、集落を幾重にも巡る大環濠の変遷、青銅器鋳造施設の詳細など、最新のデータから集落の様相を平易に語る。

========== 同成社の邪馬台国関連書 ==========

中国の研究者のみた邪馬台国

汪向栄著・堀渕宜男訳・飯島武次監修

Ａ５判・256頁・本体 3800 円

日中交流史の研究者として著名な著者が、中国史書を検証しつつ日本人研究者による邪馬台国研究の成果を総括し、邪馬台国の実態を探るとともに、その位置について中国研究者としての見解を示す。

倭の五王と二つの王家

前田晴人著

四六判・274頁・本体 2500 円

倭の五王は誰だったのか？　緻密な検証をもとに二つの王家の系譜を解き明かし、虚構の人物とされていたホムツワケ王を初代天皇とする独自の論を展開。古代ヤマト王権の権力構造を解析する。

卑弥呼と古代の天皇

前田晴人著

四六判・256頁・本体 2600 円

卑弥呼と古代天皇との間にはどのようなつながりを見出せるのか。系譜などを再検証し、史実としての王統譜復元を具体的に解き明かしながら皇統譜の謎に迫る。

――― 同成社の考古学書 ―――

市民の考古学

プロにもプロでない人にも分かりやすくおもしろい"やさしい考古学"をめざしたシリーズ。身近で興味深い各テーマから、研究の最新情報までを解説する。

① ごはんとパンの考古学

藤本強著　　　　　　　　　　　四六判・194 頁・本体 1800 円

② 都市と都城

藤本強著　　　　　　　　　　　四六判・194 頁・本体 1800 円

③ ホモ・サピエンスの誕生

河合信和著　　　　　　　　　　四六判・210 頁・本体 1900 円

④ 考古学でつづる日本史

藤本強著　　　　　　　　　　　四六判・194 頁・本体 1800 円

⑤ 倭国大乱と日本海

甘粕健編　　　　　　　　　　　四六判・146 頁・本体 1500 円

⑥ 考古学でつづる世界史

藤本強著　　　　　　　　　　　四六判・186 頁・本体 1800 円

同成社の考古学書

⑦ 日本列島の三つの文化
――北の文化・中の文化・南の文化――

藤本強著　　　　　　　　　　四六判・194頁・本体1800円

⑧ 遺跡と観光

澤村明著　　　　　　　　　　四六判・162頁・本体1600円

⑨ 日本考古学の現在

山岸良二著　　　　　　　　　四六判・178頁・本体1700円

⑩ 歴史時代を掘る

坂詰秀一著　　　　　　　　　四六判・194頁・本体1800円

⑪ 常陸国風土記の世界

茂木雅博著　　　　　　　　　四六判・162頁・本体1600円

⑫ 骨考古学と蝦夷・隼人

瀧川渉編　　　　　　　　　　四六判・194頁・本体1800円

⑬ 古代日本と朝鮮半島の交流史

西谷正著　　　　　　　　　　四六判・194頁・本体1800円

⑭ コメを食べていなかった？弥生人

谷畑美帆著　　　　　　　　　四六判・162頁・本体1500円